Hof mit Himmel 5

Neue persönliche Geschichten, die unter die Haut gehen

Stefan Loß, Ingo Marx und Susanne Hohmeyer-Lichtblau

ERF Medien, Wetzlar

SCM ERF-Verlag

SCM

Stiftung Christliche Medien

2. Auflage 2010

Umschlag: Johannes Käser, Witten
Layout und Satz: Maike Heimbach, Ennepetal
Bilder: ERF; photocase.de
Druck und Bindung: Druckerei Theiss GmbH, Österreich – www.theiss.at
ISBN 978-3-86666-148-6
Bestell-Nr. 312.075.172

Inhalt

Vorwort

Gott ist real, er greift in das Leben von Menschen ein, er verändert, rettet, heilt, gibt Hoffnung, Freude, Zukunft – ein neues Leben. Das berichten Woche für Woche unsere Gäste in der Fernsehsendung „Hof mit Himmel“. Woher sie das wissen? Sie haben es selbst erlebt. Was sie schildern ist sehr persönlich und sehr ehrlich. Etwa der ehemalige Neonazi, der nicht wusste, was Liebe ist, und der sich heute um vernachlässigte Jugendliche kümmert. Die Frau, die von ihrer Mutter jahrelang geschlagen und gedemütigt wurde und die sich entschließt zu vergeben. Oder der Kneipenwirt, der erst durch eine lebensgefährliche Messerattacke den Sinn des Lebens entdeckt.

Sie alle haben ihre persönliche Geschichte bei uns erzählt. 16 dieser Geschichten haben wir hier für Sie zusammengefasst, in denen spürbar wird, wie Gottes Liebe Menschen und Situationen verändert.

Vielleicht probieren Sie es einfach selbst aus, ob dieser Gott Ihnen antwortet, wenn Sie ihn fragen, ob er auch in Ihr Leben eingreift, wenn Sie ihn bitten.

In diesem Sinne wünschen wir Ihnen viel Freude beim Lesen.

Besonderer Dank gilt an dieser Stelle allen Kollegen von ERF Fernsehen und unseren Gästen, ohne die weder die Sendungen noch dieses Buch hätten entstehen können.

Stefan Loß　　Ingo Marx　　Susanne Hohmeyer-Lichtblau

Alexander Schott

Mitten ins Herz

Alexander Schott ist noch sehr jung, als seine Eltern sich trennen. In der ersten Klasse beginnt er zu stehlen und steckt das geklaute Geld in Spielautomaten, während er eigentlich im Unterricht sitzen sollte. Dann zieht er mit der Mutter und den beiden Brüdern an einen anderen Ort, doch dort geht es genauso weiter. Bereits mit 13 treibt er sich nächtelang in Diskotheken herum.

Er tritt eine Lehre als Bauzeichner an, rutscht aber bald in die Drogenszene ab: erst Marihuana, dann Hasch, LSD und schließlich Kokain. Die Ausbildung muss er abbrechen. Sein Nervensystem ist von den Rauschmitteln so geschädigt, dass er nur noch lallen kann. Zu diesem Zeitpunkt hat er bereits Schulden in Höhe von 10.000 DM.

Unterstützt von seiner Mutter versucht Alexander Schott zu dieser Zeit einen kleinen Handel mit Antiquitäten auf die Beine zu stellen. Aber der Drogenkonsum erfordert viel Geld. So ist er nun tagsüber im Geschäft, nachts bricht er in andere Häuser ein und klaut Möbel. Dabei kommt er auf keinen grünen Zweig. Er steckt weiterhin tief in der Szene fest.

Mit 23 Jahren findet er für sein Kleinunternehmen neue Räumlichkeiten: ein Lokal, dem eine Kegelbahn angeschlossen ist. Dahinter ein Lager für die Möbel, die weiterhin zum Verkauf stehen. Doch sein Arbeitseifer ist mäßig. Die Gäste stehen häufig vor verschlossener Tür, weil der Wirt im Drogenrausch liegt. Der Schuldenzuwachs, bedingt durch Investitionen, fehlende Geschäfte und Drogen, verdoppelt sich.

Dann, zwei Jahre später, geschieht etwas Unerwartetes. Es ist Samstag, der 20.3.1988, kurz nach Mitternacht. Es befinden sich nur noch ein paar Freunde im Lokal. Plötzlich stürmen zwei vermummte Männer herein. Der eine rammt ein Beil in die Holzbank. Der andere ruft: „Wo ist der Wirt?", und rennt zielgerichtet auf sein Opfer hinter dem Tresen zu. Im Kampf fällt die Maske und Alexander Schott erkennt einen der Männer. Doch noch bevor er überhaupt reagieren kann, bekommt er ein 25 cm langes Messer mitten ins Herz. Drei weitere Stiche treffen ihn in Leiste, Rücken und Gesicht. In einem letzten Kraftakt kann er sich noch über die 1,40 Meter hohe Theke schwingen, bricht dann jedoch zwischen den Barhockern zusammen. Er denkt noch: „So, das war's – jetzt sterb' ich." Dann wird ihm schwarz vor Augen. In der Zwischenzeit ruft ein Freund die Polizei – die beiden Täter fliehen.

Ein Notarzt rast nun mit dem Schwerverletzten ins Krankenhaus, wo er in einer 4-stündigen Notoperation am Herzen genäht wird. Dass er überlebt, ist ein Wunder. Doch als er wieder aufwacht, steht er immer noch unter Schock. Er ist zutiefst unruhig, geradezu panisch und kann nicht eine Minute ruhig liegen bleiben. Der Arzt warnt ihn: „Wenn Sie leben wollen, müssen Sie jetzt 3 Monate still liegen. Bekommen Sie das hin?"

Dann kriegt Alexander Schott außergewöhnlichen Besuch. Seine frühere Putzfrau kommt vorbei und schenkt ihm eine Bibel: „Jesus hat dein Leben gerettet! Am besten beginnst du mit dem Lesen beim Neuen Testament." Völlig verdutzt befolgt der Patient diesen Rat und stellt fest: Je mehr er darin liest, desto ruhiger wird er. Die Angstzustände legen sich und er kann nachts wieder schlafen.

Während seiner Genesung hat er viel Zeit zum Nachdenken. Dabei fällt ihm plötzlich ein alter Freund ein, mit dem er als Jugendlicher gemeinsam eine Umschulung gemacht hat. Er erinnert sich daran, wie der

von Gott geredet hatte, und kann schließlich sogar seine Telefonnummer ausfindig machen. Es ist schon spät, aber Alexander Schott fasst Mut und ruft ihn an. Sie reden drei Stunden lang, und gegen Mitternacht beenden die beiden ihr Gespräch mit einem Gebet.

„Ich betete einfach: Herr Jesus, komm du in mein Leben, vergib mir meine Schuld und mach du mein Leben neu. Und dann hab ich ein Amen dahintergesetzt und in dem Moment hatte ich ein neues Leben. Jesus war da."

Doch in der darauffolgenden Nacht wird er auf einmal wach und wälzt sich stundenlang schlaflos im Bett herum. Er muss weinen und schreien. Sein ganzes Leben scheint aus ihm herauszubrüllen, alle Schmerzen und alles Übel – bis er endlich völlig erschöpft wieder einschläft. Als er am nächsten Morgen die Augen öffnet, weiß er, dass sich etwas verändert hat. Er dankt Gott für den neuen Tag und verschlingt mit großem Appetit sein Frühstück.

Ein Vierteljahr später wird er mit einer großen Narbe am Brustkorb aus dem Krankenhaus entlassen. Der Überfall ist inzwischen geklärt und die Täter sind gefasst. Alexander Schott ist drogenfrei und es erwartet ihn ein ganz neues Leben. Zunächst gibt er alle gestohlenen Möbelstücke zurück und bald sind sogar seine Schulden getilgt. Dies alles geschieht mithilfe eines Pfarrers. Außerdem bittet er Menschen um Vergebung, die er verletzt oder denen er Unrecht getan hat. Dabei spürt er, dass dem Mann, der ihn damals niederstach, die Vergebung genauso gilt wie ihm selbst – und er vergibt ihm von ganzem Herzen.

Alexander Schott heiratet. Das Ehepaar bekommt drei Söhne und geht für einige Jahre nach Afrika. Dort gründen sie ein Ausbildungsprojekt für Straßenkinder. Heute betreut Alexander Schott das Projekt von Deutschland aus, widmet sich aber auch den Jugendlichen hierzulande, um sie vor einem Leben mit Drogen zu bewahren.

Kontakt zu Alexander Schott: www.perspektive-senegal.de

Gudrun Derlin

Die Eierfrau von Blankenese

„Wuuuudi, Wudi, Wudi, Wudi!" erklingt es, wenn Gudrun Derlin das Gatter zu ihrem kleinen Grundstück auf dem Land öffnet. So ruft sie ihr geliebtes Federvieh – vom chinesischen Seidenhuhn bis zum einfachen deutschen Hahn.

An zwei Nachmittagen geht's dann in selbstentworfener Tracht und mit einem großen Korb zum Eierverkauf auf die Straßen von Hamburg Blankenese – in jedem Karton ein liebevoll ausgesuchter Bibelvers.

Gudrun Derlins Vater war im Kirchenvorstand. Doch die junge Frau findet das Verhalten der offiziellen Kirchenvertreter eher abstoßend. Gegen Ende der 60er Jahre lebt sie gemäß dem Zeitgeist ihre persönliche Revolution aus. Der Generalintendant des Lübecker Stadttheaters engagiert sie für eine Rolle, die nicht mal Prostituierte übernehmen wollen: Sie spielt die „Helena" in Goethes Faust – splitternackt, nur mit einer Perücke auf dem Kopf. Damit ist sie nach dem Krieg die erste Nackte auf einer deutschen Bühne – das sorgt für Schlagzeilen.

Doch Gudrun Derlin hat auch etwas „Anständiges" gelernt. 1970 macht sie ihr Staatsexamen als Medizinisch-Technische-Assistentin. Danach folgen Jahre des Umherziehens. In Hamburg pflegt sie ein exzessives Nachtleben. 1973 verlobt sie sich mit einem Playboy, lernt italienische Sportwagen, Paris und die Côte d'Azur kennen und lieben. Sie arbeitet in ihrem Beruf und jobbt zusätzlich als Fotomodell und Messehostess. Die Verlobung hält nicht lange. Sie hat viele wechselnde Freunde und Verehrer, lebt mal auf Sylt, mal in München – aber nirgends fühlt sie sich zu Hause. Im Gegenteil: Sie spürt, dass sie als hübsche Blondine nur ein Vorzeigeobjekt ist.

Anfang der 80er begegnet sie ihrer großen Liebe, einem Wiener Maler. Als seine Geliebte und Managerin zieht sie zu ihm nach Österreich. Wieder einmal beginnt ein aufregendes Leben aus Koffern. Gudrun Derlin macht den Künstler in der Wiener High Society und in Hollywoodkreisen bekannt. Die beiden gelten als Traumpaar.

Dann stellt sich heraus, dass ihr Freund Scientologe ist. Mitte der 70er war er von einem Malerfreund in diese Organisation hineingezogen worden. Nun verlangt er von Gudrun, ebenfalls die Kurse und Seminare von Scientology zu besuchen. Sie willigt aus „taktischen" Gründen ein. Insgesamt lebt sie mit ihm rund zwei Jahre im Scientology Hauptquartier in Clearwater/Florida. Dort lernt sie ein perfides, menschenverachtendes System kennen: „Ich habe gemerkt, dass die Leute unter einem unheimlichen Druck stehen, dass sie regelrecht versklavt sind. Ständig müssen sie irgendwelche Anforderungen erfüllen und dabei immer besser werden – das ist unmenschlich. Ihre Lehre macht deutlich, dass sie Liebe gar nicht kennen, keine Gnade, keine Vergebung."

Sie beginnt in Kalifornien, Florida und New York gegen die Organisation zu recherchieren. Während ihrer Nachforschungen lernt sie Christen kennen, die ihr bei der „Aufklärungsarbeit" helfen.

Von Anfang an ist sie von der Begegnung mit diesen Menschen tief beeindruckt: „Die hatten was, das hatte ich nicht. Ich wusste nicht genau. was es ist. Und dann haben wir über den Gründer von Scientology gesprochen und ich hab' gesagt: ‚Das ist ein Verrückter, der ist psychisch krank!' Und da haben sie gesagt: ‚Vor allen Dingen ist er ja auch schon

tot – aber Jesus Christus lebt'. Ich kannte das zwar so aus der Kirche, aber ich hatte keine lebendige Beziehung zu Jesus. Ich hab' gespürt: So wie die das sagen, da steckt eine Kraft dahinter, die ich so noch nicht kenne. Und da dachte ich, wenn dieser Jesus wirklich lebt, dann hat das Einfluss auf mein Leben und auch für die Ewigkeit, und dann finde ich doch besser heraus, ob das wahr ist mit diesem Gott der Bibel." Bei diesem Vorhaben bekommt sie von den Christen den Hinweis: „Jesus ist nur ein Gebet weit entfernt. Denn die Bibel sagt: ‚Wer bittet, dem wird gegeben, wer anklopft, dem wird aufgetan.'" Dass das ihr Konfirmationsvers ist, wird ihr erst viele Jahre später wieder bewusst.

Gudrun Derlin probiert es aus und merkt bald, dass eine unsichtbare, aber gute Hand beginnt, ihr Leben zu lenken. Durch ihre neue Verbindung zu Gott findet sie die Kraft, sich von ihrem Freund zu trennen. Sie kehrt nach Wien zurück und lässt sich dort im Herbst 1986 in einer Freien evangelischen Gemeinde taufen.

Dieses ist der Anfang eines langen Prozesses, in dem sie ihre Vergangenheit aufarbeitet. Seit 1987 lebt sie wieder in Deutschland. Hier warten noch einige Hochs und Tiefs auf sie. Gudrun Derlin erfährt: Das Leben als Christ ist nicht einfacher, aber sie hat jetzt den Frieden gefunden, den sie immer gesucht hat. Sie besucht eine Bibelschule und beginnt die Harfenzither zu spielen, fährt Motorrad und liebt die Mieder-Läden Hamburgs. Irgendwie ist sie immer noch ein bunter Vogel, wenn auch – trotz Eierverkauf – kein verrücktes Huhn mehr.

Kontakt zu Gudrun Derlin unter: www.harfenzither.de

Gunnar Lehmann

Von Hass zerfressen

Gunnar Lehmann ist in der DDR groß geworden. Er hat alles andere als eine schöne Kindheit. Sein Vater verlässt die Familie früh, seine Mutter ist oft krank. Viele Jahre verbringt er im Kinderheim. Dort erlebt er keine Liebe, sondern nur Ablehnung. Aus ihm wird ein zorniger Teenager, der gegen alles rebelliert, besonders gegen das Regime. Er verbrennt DDR-Fahnen und demoliert Denkmäler. Mit 16 landet er im Jugendknast. Später flüchtet er in die Bundesrepublik, um neu anzufangen. Doch sein angestauter Hass frisst ihn fast auf. Seine Wut sucht sich ein Ventil. Er rasiert sich die Haare ab und wird gewalttätiger Skinhead. Er arbeitet politisch für die NPD, wird als Überzeugungstäter mehrfach wegen Volksverhetzung verurteilt. Auf Demos skandiert er ausländerfeindliche Parolen, verhöhnt Juden und leugnet den Holocaust. Ein Bild von Adolf Hitler hängt über seinem Bett.

„Mein Zugpferd war blanker Hass. Das Wort ‚Liebe' gab es für mich nicht. Ich wusste ungefähr die Bedeutung, die im Duden steht, aber das Gefühl kannte ich nicht, das habe ich nie erlebt. Für mich gab es nur Hass, und der wurde immer schlimmer, bis er mich krank gemacht hat."

Irgendwann spielt seine Seele nicht mehr mit. Gunnar Lehmann bekommt Panikattacken und Depressionen. Oft steht er auf einer Brücke und denkt: „Jetzt springe ich". Der nach außen hin knallharte Neonazi ist innerlich voller Angst. Sein Leben gerät völlig aus den Fugen. Er lässt sich selbst in eine psychiatrische Klinik einweisen. Er spürt, dass sich etwas grundlegend ändern muss – sonst hat er nicht mehr lange zu le-

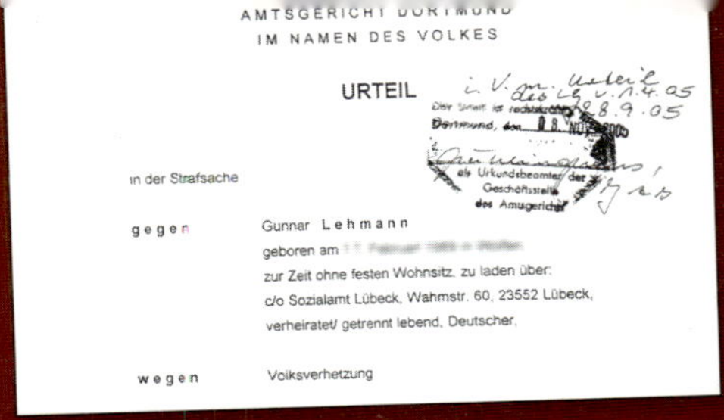
AMTSGERICHT DORTMUND
IM NAMEN DES VOLKES

URTEIL

Das Urteil ist rechtskräftig
Dortmund, den 08. NOV. 2005
als Urkundsbeamter der Geschäftsstelle des Amtsgerichts

in der Strafsache

gegen Gunnar Lehmann
geboren am [illegible]
zur Zeit ohne festen Wohnsitz, zu laden über:
c/o Sozialamt Lübeck, Wahmstr. 60, 23552 Lübeck,
verheiratet/ getrennt lebend, Deutscher,

wegen Volksverhetzung

ben. Eine Ärztin empfiehlt ihm, seine Wut an einem Boxsack auszulassen. Er drischt mit solcher Gewalt darauf ein, dass er sich trotz Boxhandschuhen das Handgelenk bricht.

Nach der Therapie muss er wegen verschiedener Straftaten Sozialstunden ableisten. Er landet in einem privaten Mutter-Kind-Haus mit Babyklappe.

„Als die Frau vom Vermittlungsbüro für gemeinnützige Arbeit mich dorthin geschickt hat, habe ich sie gefragt, ob sie noch alle Tassen im Schrank hat. Sie wisse doch, was ich für einer bin. Aber sie meinte nur, ich solle es einfach mal versuchen."

So tritt Gunnar Lehmann seinen Dienst an. Seinen ersten Arbeitstag wird er nie vergessen. „Es war Freitag der 13. Januar 2006. Ich kam rein, das Haus war noch weihnachtlich geschmückt, und ich habe mich sofort zu Hause gefühlt. Ich wusste nicht, was es war, aber ich war irgendwie geborgen." In diesem Mutter-Kind-Haus herrscht eine Atmosphäre, die ihn tief berührt, und ein liebevoller Umgang, den er so nicht kennt.

Selbst als die Kollegen dort von seiner rechtsradikalen Einstellung erfahren, begegnen sie ihm weiterhin offen und freundlich. Sie machen keinen Hehl daraus, dass sie Christen sind. Sie erzählen ihm immer wieder von Gott und dass er ein liebender Vater ist. Auch wenn Gunnar Lehmann das zunächst nicht hören will – die Worte lassen ihn nicht mehr los.

Eines Tages sagt eine Kollegin zu ihm: „Gunnar, jeder Mensch wird mit einem Loch im Herzen geboren. Wenn wir unseren Weg ohne Gott gehen, versuchen wir, dieses Loch mit Geld zu stopfen, mit Macht, Drogen oder Gewalt – aber wir stellen immer wieder fest, dass uns das alles nicht erfüllt. Nur Gott kann dieses Loch komplett ausfüllen." Das saß. „Ich habe gespürt, dass sie recht hat. Ich habe versucht, mein Herz mit allem Möglichen zu füllen, aber nichts hat funktioniert." Er nimmt allen Mut zusammen und begleitet diese Kollegin zu einem Gottesdienst. „Dann sagte die Pastorin, je mehr man sich von Gott entfernt und dem Bösen Raum gibt, desto chaotischer wird das Leben. Und genau das war bei mir der Fall. Ich dachte, die predigt nur für mich. Ich habe mich total wiedererkannt. Und dann hat sie erklärt, dass man sein Leben Jesus geben kann und mit ihm noch mal neu beginnen. Ich hatte zu diesem Zeitpunkt genau drei Möglichkeiten, wie es für mich weitergehen konnte: Selbstmord, Terrorist werden oder mein verkorkstes Leben wirklich Jesus Christus geben, damit er etwas draus macht." Gunnar Lehmann betet das Gebet mit, das die Pastorin spricht. Darin sagt er bewusst „Ja" zu einem Leben mit Jesus. „Ich habe ihm alles hingelegt, was ich getan habe, und gesagt, dass er in meinem neuen Leben die Nummer eins sein soll. Zum ersten Mal in meinem Leben habe ich die richtige Entscheidung getroffen." Viele Tränen fließen und er fühlt etwas, das ihm bisher fremd war: Liebe.

Gunnar Lehmann bricht radikal mit seiner Vergangenheit. Er entsorgt alle nationalsozialistischen Symbole und Bücher, schreibt einen Brief an den Zentralrat der Juden, in dem er um Vergebung bittet. Im Februar 2007 lässt er sich in der Ostsee taufen. „Ich wollte ganze Sache machen. Ich will diesen Jesus, den ich kennenlernen durfte, nie mehr gehen lassen. Ich hab endlich das gefunden, was ich immer wollte. Ich hatte nie einen Vater. Und jetzt hab ich mit Gott einen Vater, der mächtiger ist als alle Väter der Welt, einen Vater, der mich liebt und den ich lieben kann".

Ulrich und Gina Krause

Beichte zum Glück

Gina ist 25 und Uli 23, als sie sich in einer Diskothek kennenlernen. Aus einem anfänglichen Flirt folgt schnell Verliebtheit. Dass Gina verheiratet ist, stört Uli wenig. Für ihn ist der Ehering an ihrem Finger nur ein kleiner Schönheitsfehler. Er erobert sie – ohne schlechtes Gewissen.

„Das sag' ich heute nicht mehr gerne, aber meinen Lebensstil damals kann man im Prinzip ganz kurz mit ‚Frauen, Saufen und Rauchen' beschreiben – und dabei spielte es letztlich keine Rolle, ob eine Frau verheiratet war oder nicht."

Und Gina lässt sich für Uli sogar scheiden – nach sechs Jahren Ehe. Nun macht das Paar Nägel mit Köpfen: Sie heiraten und ziehen zusammen. Bald ist auch ein Baby unterwegs: Eine Tochter kommt zur Welt. Uli ist als Pharmareferent sehr erfolgreich. Er verdient gut, sodass sie sich ein eigenes Haus leisten können. Sie legen sich einen Hund zu, fahren zwei Autos und genießen das Leben. Doch das gelingt Uli immer weniger.

„Im Laufe von Monaten und Jahren wich immer mehr Lebensfreude, es kamen Ängste in mein Leben, richtige Panikattacken, und es kam mir so vor, als ob plötzlich jemand anderes die Kontrolle über mein Leben übernahm."

Der sonst so selbstbewusste Geschäftsmann wird immer unsicherer, schließlich verliert er sogar seinen Job. Gina erkennt Ihren Mann kaum noch wieder.

„Ich hab' so eine Eifersucht bei ihm festgestellt, und die wurde immer extremer. Er konnte es nicht einmal leiden, wenn Freunde mich einfach so in den Arm nahmen – das war sehr auffällig. Aber ich konnte mir keinen Reim darauf machen, warum, wieso, weshalb. Ich habe ihm ja gar keinen Grund gegeben."

Weil Uli arbeitslos ist, muss Gina jetzt mithelfen den Unterhalt zu verdienen. Das Haus ist noch längst nicht abbezahlt. Sie findet Arbeit in einer Großküche. Doch der Schichtbetrieb zehrt so sehr an ihren Kräften, dass der Arzt ihr irgendwann zu einer Kur rät. Während ihres Kuraufenthaltes lernt Gina eine Frau kennen, die an Gott glaubt. Sie sprechen viel über den Glauben und über Jesus Christus. Gina ist begeistert und beginnt auch, in der Bibel zu lesen. Unter anderem das Hohelied der Liebe aus dem 1. Korintherbrief: „Die Liebe ist langmütig und freundlich, die Liebe eifert nicht, die Liebe treibt nicht Mutwillen, sie bläht sich nicht auf, sie verhält sich nicht ungehörig, sie sucht nicht das Ihre, sie lässt sich nicht erbittern, sie rechnet das Böse nicht zu, sie freut sich nicht über die Ungerechtigkeit, sie freut sich aber an der Wahrheit; sie erträgt alles, sie glaubt alles, sie hofft alles, sie duldet alles."

Gina erzählt der Christin auch von ihrer Ehe. Die beiden Frauen beten gemeinsam, und Gina fängt ein völlig neues Leben an. Sie weiß, dass ihre Beziehung zu Uli keinen guten Start hatte, weil sie auf Kosten einer anderen Ehe begann. Doch nun weiß sie, dass Gott ihr vergeben hat. Voller Freude erzählt sie beim nächsten Telefonat mit Uli von ihrer Entscheidung für Jesus und liest ihm anschließend das Hohelied der Liebe vor.

Uli hat nur einen Kloß im Hals. Während Gina in Kur war, reifte bei ihm der Entschluss, ihr etwas zu gestehen, das er viel zu lange geheim gehalten hatte. Er nimmt allen Mut zusammen und besucht sie in der Kur. Als Erstes holt er eine Bibel hervor und liest ihr das Hohelied der Liebe vor. Gina wundert sich und fragt sich, was los ist.

Dann beichtet Uli ihr, dass er sie seit Längerem mit anderen Frauen betrogen hat. Immer wenn er auf Geschäftsreise war – doch es wäre nie

über eine Nacht hinausgegangen. Gina ist völlig überrascht. Nie hätte sie das von Uli gedacht. In all den Jahren hatte sie nie auch nur einen Funken Verdacht geschöpft – für die Treue ihres Mannes hätte sie die Hand ins Feuer gelegt. Jetzt bekommt sie nichts anderes über die Lippen als: „Was hast du denn da bloß gemacht, du dummer Junge?"

Uli bricht in Tränen aus. Er ist unendlich erleichtert, als er Gina in die Augen blickt. „Es war mir damals so, als würde mich die Liebe Gottes angucken." Ihm fällt die Schuld wie eine große Last von den Schultern. Dadurch, dass Gina vor Kurzem am eigenen Leib erfahren hat, wie Gott ihr den Bruch ihrer ersten Ehe vergeben hat, kann sie Uli nun von Herzen in die Arme nehmen. Noch vor ein paar Wochen hätte sie ihn sofort rausgeworfen.

Jetzt will Uli seine ganze Schuld loswerden. Seitenweise schreibt er auf, was ihn belastet. Und fängt noch am selben Tag ein neues Leben an.

„Das Interessante war: Von einem Tag auf den anderen war meine Eifersucht spurlos verschwunden. Weil ich selber nicht treu war, konnte ich nicht glauben, dass meine Frau treu ist. Aber Gott hatte die Sache nun bereinigt und ich konnte neu anfangen und damit auch neu vertrauen." Er selbst hat das Vertrauen seiner Frau wiedergewonnen, ein Vertrauen, das ihm so kostbar ist, dass er es nicht wieder enttäuschen will.

Die beiden erleben eine neue Liebe. Uli gewinnt neuen Mut und auch einen neuen Job. Mit Gott bringt er sein Leben wieder in Ordnung, Ruhe und Freude kehren wieder ein. Jahre später begegnet er sogar Ginas Ex-Mann wieder und entschuldigt sich bei ihm. Er weiß, die Sache ist nicht rückgängig zu machen. Doch er weiß, aus Vergebung zu leben ist möglich – es ist sogar der einzige Weg.

Anne Bastgen

Von Bulimie befreit

Anne Bastgen ist eine starke Frau, attraktiv und erfolgreich. Sie ist immer hilfsbereit und macht keine Fehler – dieses Bild sollen zumindest andere von ihr haben. Sie selbst ist nie mit sich zufrieden. Die Fassade muss perfekt sein. Versagen oder Schwächen sind für sie nicht akzeptabel. Sie hat ihr Leben unter Kontrolle – außer ihrem Essverhalten. Seit sie 14 Jahre alt ist, leidet sie unter Bulimie, der Ess-Brech-Sucht.

„Ich habe immer versucht, so lange wie möglich nichts zu essen. Aber dann kam irgendwann der Punkt, an dem ich im Supermarkt die Regale rauf- und runtergelaufen bin und nach Essen gesucht habe, das sich gut erbrechen lässt. Und dann habe ich gegessen, bis absolut nichts mehr ging. Genießen kann man das nicht nennen, ich habe das Essen einen Moment lang exzessiv zelebriert. Doch dann kamen immer die Selbstvorwürfe, die Versagensgefühle, der Ekel und das Erbrechen."

Mehr als sieben Jahre hat die Krankheit sie im Griff. Schon oft hat Anne Bastgen versucht, davon frei zu werden – vergeblich.

„Ich fühlte mich leer, erschöpft und ausgezehrt. Ich habe viel geweint und wusste, dass alle, die glaubten mich zu mögen, mich eigentlich gar nicht kannten. Ich hasste mich für diese Maskerade, mein ewiges Versteckspiel, und dennoch hatte ich unendliche Angst davor es aufzugeben und echt zu werden. Ich wollte nicht öffentlich bekennen, dass mein Leben und ich nicht so toll sind wie alle denken. Also musste ich durchhalten. Die Bulimie hatte ich längst akzeptiert – als Nebenwirkung sozusagen. Mein ständiger Begleiter war das Lügen und die Angst, entdeckt zu werden."

Sie jobbt, um genug Geld zu haben, denn das viele Essen ist teuer. Bis zu acht Ess- Brechanfälle hat sie pro Tag.

Sie fühlt sich als Versager, weil sie es nicht schafft, diesem Teufelskreis zu entkommen. So hält sie die starke Fassade aufrecht. Nur vor ih-rem Freund Toni kann sie die Krank-heit auf Dauer nicht verbergen.

Doch seine Reaktion bringt sie regelrecht auf die Palme. Er sagt: „Dir kann nur Gott helfen." Anne ist wütend. Er, der in seinem eigenen Leben nichts mit Gott zu tun hat, gibt ihr so einen Rat. Sie will sich das nicht länger anhören und schlägt ihm ein Experiment vor: „Wir versuchen ein paar Wochen lang so zu leben, als ob es Gott gibt. Und wenn nichts passiert, dann ist das Thema Gott ein für alle Mal abgehakt."

Er lässt sich auf den Deal ein. Anne ist überzeugt, dass dieses Experiment nicht funktioniert, trotzdem wird diese Zeit für sie zu einer großen Herausforderung. Sie versucht, sich fromm zu verhalten, doch damit wird der Druck, alles richtig machen zu müssen, noch schlimmer. Immer hat sie das Gefühl, sich jetzt auch noch vor Gott dafür rechtfertigen zu müssen, dass sie nicht perfekt ist.

„Ich gab mir Mühe, ich rauchte weniger, las in der Bibel, bekannte Abend für Abend dieselben Sünden – fressen und brechen – und versuchte mich im Beten, natürlich laut. Mit dem Ergebnis, dass ich mir innerhalb von einer Woche noch verlogener vorkam. Ich konnte überhaupt nicht mehr in den Spiegel gucken. Ich wurde sauer auf Gott, auf Toni und noch mehr auf mich! An einem Abend habe ich dann angefangen, Gott lautstark anzuschreien, was dieser Mist sollte, warum er so viel von mir verlangen würde, wie ätzend das ist, was er mit meinem Leben gemacht hat. Alles, was sich in den letzten Jahren aufgestaut hatte, kam in mir hoch. Ich habe Gott meinen ganzen Frust und meine Verletzungen einfach an den Kopf geworfen."

Anne Bastgen hat keine Kraft mehr für fromme Anstrengung. Zum ersten Mal sagt sie Gott, was sie wirklich denkt. Was dann passiert, sprengt ihre Vorstellungskraft. Sie hat das Gefühl, Gott antwortet. In sich hört sie eine Stimme, die sagt: „Du richtest dich mit deinem Zorn an die falsche Adresse, nicht ich habe dich in diese Situation gebracht, sondern der Teufel."

„Da musste ich echt schlucken, damit hatte ich nicht gerechnet, aber ich spürte, wie Jesus zu mir sprach."

Anne Bastgen ist verwirrt. Dass es Gott geben soll, kann sie vielleicht gerade noch akzeptieren, aber jetzt auch noch den Teufel?

„Aber dann habe ich gedacht, bescheuert ist das sowieso alles, was du hier machst, und zu erklären ist es schon lange nicht mehr, dann kommt es jetzt auch nicht mehr drauf an. Und dann habe ich mich ins Bett gesetzt und habe gesagt: ‚Teufel, lass mich in Ruhe, und wenn du das brauchst, geh selber kotzen!' Danach hatte ich plötzlich Frieden. Alle Last ist einfach von mir abgefallen. Ich habe mich hingelegt, bin eingeschlafen, und als ich am nächsten Morgen aufgestanden bin, wusste ich, dass ich ein neues Leben habe. Ich war wie neugeboren, ich war einfach ein neuer Mensch."

Tatsächlich ist die Bulimie von diesem Tag an vorbei – und nicht nur das. „Gott hat angefangen, meine Persönlichkeit zu heilen und meine Fassade abzubauen. Ich musste zum Beispiel lernen, mich zu entschuldigen. Mir und vor allem anderen einzugestehen, etwas falsch gemacht zu haben. Aber inzwischen kann ich auch über meine Fehler lachen. Oder ich kann ohne schlechtes Gewissen Erwartungen anderer enttäuschen, Nein sagen als Freiheit und nicht als Schwäche sehen. Ich würde sagen, ich werde immer echter. Ich kann lachen, ich kann aber auch weinen, ich bin stark, ich bin schwach. Ich muss weder mir noch anderen noch Gott etwas beweisen, ich kann einfach leben."

Isaac Liu

Lebensgefährlicher Glaube

Isaac Liu ist in China geboren. Obwohl das Land vom Kommunismus und Atheismus geprägt ist, kommt die Familie zum Glauben an Jesus Christus. Alles hatte angefangen mit Isaacs Großvater, der an Lungenkrebs erkrankte. Seine Frau kniete zusammen mit ihrem Sohn, Isaacs Vater, an dessen Bett und betete um Heilung. Als der Todkranke daraufhin tatsächlich gesund wurde, wirkte sich das auf die ganze Familie aus. Isaacs Vater ist heute bekannt als „Bruder Yun“ oder „Mann des Himmels“ – ein Prediger, der viele Jahre in China verfolgt wurde und wegen seines Glaubens lange im Gefängnis saß. Schon als kleiner Junge hört Isaac von seinem Vater, wie wichtig es sei, Gott nachzufolgen – trotz Unterdrückung. Von ihm erfährt er auch, was in China bisher mit Christen passierte: „Die Kommunisten haben Bibeln verbrannt und Kirchen niedergebrannt, Pastoren verhaftet. Es gibt keine Kirche, in der man in Freiheit glauben kann. Ich wollte kein Verräter sein und meine Mitchristen verraten, da haben die Polizisten versucht, mich zum Sprechen zu bringen, indem sie 6 Zentimeter lange Nadeln unter meine Fingernägel stachen. Aber ich war darauf vorbereitet, weil Gott mir dies zuvor in einem Traum gezeigt hatte.“

Auch Isaacs Leben ist bedroht, noch bevor er auf die Welt kommt. Als seine Mutter im 7. Monat schwanger ist, stehen eines Tages Polizisten

Gefängnis, in dem Isaacs Vater inhaftiert war

vor der Tür. Sie überbringen den Befehl: „Das Baby muss abgetrieben werden." Sie wollen verhindern, dass das Kind in die Fußspuren seines Vaters tritt. Es muss also vorher sterben. Doch es kommt anders. Einen Tag vor dem Abtreibungstermin kommt es zu einer Frühgeburt: Isaac Liu wird als 7-Monats-Kind geboren.

Der Junge wächst auf, ohne viel von seinem Vater mitzubekommen. Zu oft ist dieser im Gefängnis oder unterwegs auf der Flucht, weil er sich verstecken muss. Isaac Liu hat nur einen Brief von ihm, in dem steht: „Mein geliebter Sohn Isaac! Als du geboren wurdest, saß dein Vater im Gefängnis, weil er an Jesus glaubte. Mein Sohn, ich weiß nicht, ob ich dich jemals sehen werde. Die Menschen wünschen ihren Kindern im allgemeinen Erfolg. Aber dein Vater wünscht dir nur, dass du dem Herrn Jesus nachfolgst und ihn lieb hast. Isaac, vertraue und gehorche dem Herrn allezeit, dann wirst du zu einem Mann Gottes heranwachsen. Mein Sohn, bis zum Wiedersehen im Himmel. Dein Vater."

Im Alter von 8 Jahren wird Isaac Liu zusammen mit vielen anderen Menschen getauft – nachts, mitten im Winter, in einem eiskalten Fluss. „Irgendwann mussten die Polizisten ja auch mal schlafen", lacht Isaac Liu. Als er 12 Jahre alt ist – sein Vater ist gerade im Gefängnis – wird auch noch seine Mutter verhaftet und eingesperrt. Nun steht er mit seiner sechs Jahre jüngeren Schwester alleine da. Zwei Jahre lang leben sie

auf der Straße von dem, was sie im Müll finden und verkaufen können. Nur ab und zu kommen sie bei Leuten unter. Isaac Liu erinnert sich: „Damals habe ich gesagt: ‚Gott, wenn du wirklich Gott bist, dann musst du wirklich winzig sein. Wenn Isaac groß ist, wird er niemals das machen, was sein Vater macht. Er wird niemals an diesen Gott glauben, an den sein Vater geglaubt hat.' Damals fing ich an, diesen Gott zu hassen."

Dann wird die Mutter wieder aus dem Gefängnis entlassen. Die Familie flieht – zunächst ohne den Vater – nach Burma. Dort verbringen sie noch einmal zwei Jahre, bis das internationale „Aktionskomitee für verfolgte Christen" (AVC) für sie deutsche Pässe in Thailand bereitstellt. Isaacs Vater war in der Zwischenzeit auf spektakuläre Weise aus dem Gefängnis geflohen und nach Deutschland ausgereist, wo er die Flucht der Familie organisiert hatte. Der mittlerweile 16-jährige Isaac soll ihm nun als Erstes dorthin folgen, doch dabei gerät er zwischen die Fronten eines Krieges: „Als ich an der Grenze zwischen Thailand und Burma ankam, brach der Krieg aus. Während dieser Zeit musste ich manchmal tagelang im Keller bleiben. Ich durfte nichts sagen, damit die Soldaten mich nicht entdecken. Viele Menschen wurden umgebracht, aber damals hab' ich wirklich Zuversicht gehabt. Ich hab' Angst gehabt, aber ich hab' Zuversicht gehabt. Ich wusste ganz genau: ‚Ich werde nicht sterben, Gott hat noch etwas mit mir vor'."

Familie Liu in Deutschland

Schließlich kann er fliehen und gelangt nach Bangkok. Dort trifft er auf Mutter und Schwester. Nun geht es gemeinsam nach Deutschland, wo der Vater schon sehnsüchtig wartet. Sie haben es geschafft! Endlich sind sie alle wieder zusammen und in Sicherheit.

Seit 2001 lebt Familie Liu jetzt in ihrer neuen Heimat. Isaac ist tatsächlich in die Spuren seines Vaters getreten – obwohl er wegen seines christlichen Glaubens große Not erleben und so viel entbehren musste. Er ist voll und ganz mit seiner Geschichte versöhnt: „Das Schöne ist: Auch wenn wir Gott hassen, er hasst uns nicht. Wir mögen ihn manchmal nicht so besonders, aber er mag uns immer und er mochte uns die ganze Zeit über, jede Sekunde unseres Lebens."

Seit Oktober 2009 ist Isaac Liu ordinierter Pastor in Süddeutschland. Gleichzeitig unterstützt er weiterhin seinen Vater, der zwischenzeitlich Waisenhäuser in Burma und Thailand gegründet hat. Dort ist die Not offensichtlich – doch Isaac Liu hat seine Berufung in Deutschland gefunden. Hier sieht er eher eine innere Not, ein Mangel in den Herzen. Deshalb setzt er sich dafür ein, dass die gute Nachricht der Bibel hierzulande wiederentdeckt wird und der Glaube neu die Menschen erfüllt.

Link-Tipp: www.avc-de.org

Arne Elsen auf Indienreise

Dr. Arne Elsen

Himmlische Medizin

Arne Elsen ist Arzt. Über 20 Jahre lang suchte er nach Gott. Ausgerechnet als er selbst schwer krank wird und mit seinem Latein am Ende ist, wird er fündig.

Schon mit 16 Jahren macht sich Arne Elsen viele Gedanken über das Leben. Er kann einfach keinen Sinn darin entdecken: „Wichtig war für mich die Frage, ob es Gott gibt, weil mir vieles auf die Dauer doch sehr langweilig und vorhersehbar erschien. Ich hab nirgendwo eine Perspektive gesehen, die mich wirklich mit Lebensfreude erfüllt hätte. Vor diesem Hintergrund hab ich gedacht: ‚Also eigentlich lohnt sich für mich das Leben nicht.'"

So kommt es, dass er kurz vor seinem 18. Geburtstag eine folgenschwere Bedingung stellt: „Ich hatte mit Gott gesprochen und im Gebet gesagt: ‚Gott wenn es dich gibt, dann bitte zeig dich mir in einer Weise, die ich verstehen kann. Also durch ein besonderes Erlebnis. Wenn ich in zehn Tagen keine klare Antwort bekomme, nehme ich also an, dass es dich nicht gibt.'" Sollte sich Gott in dieser Zeit nicht zeigen, will er sich das Leben nehmen.

Dazu kommt es zum Glück nicht. Nach zehn Tagen, pünktlich zu seinem Geburtstag, erfüllt sich sein Gebet durch einen Traum. Er träumt, dass er auf einer Bergkuppe steht. Über ihm der Sternenhimmel. Auf

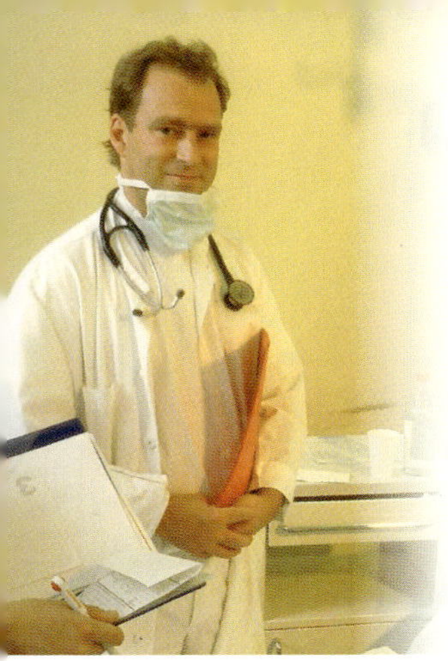

einmal öffnet sich eine Tür im Himmel und ein starker Wind bläst ihm ins Gesicht. Er wacht auf und für einen kurzen Moment ist das Brausen noch immer in seinem Zimmer. Dann ist es plötzlich mit einem Schlag wieder still. Arne Elsen ist sich ganz sicher, der Kraft Gottes begegnet zu sein. Das heißt für ihn zunächst: Es lohnt sich das Leben weiterzuleben.

Dann begegnet er Menschen, die ihm Yoga und Meditation empfehlen. Er entdeckt die Welt der Esoterik. Er ist mittlerweile im Medizinstudium als er sich mit einer kleinen Gruppe um eine Art Guru schart. Das Ganze gewinnt bald sektenhaften Charakter. Um die gemeinsamen regelmäßigen Trips nach Indien zu finanzieren, arbeitet Arne Elsen zusätzlich viele Stunden auf dem Bau. Auf Dauer raubt ihm das mehr und mehr die Kraft. Den Traum von einst hat er längst vergessen. Ebenso seine Frage nach Gott.

„Je mehr man sich bemühte, desto schlechter wurde alles. Zum einen gesundheitlich, viele wurden krank, körperlich krank, so wie ich ja auch. Zum anderen gingen die Beziehungen kaputt, meine Freundin trennte sich damals innerhalb kürzester Zeit von mir – es war ein extremes Spannungsfeld. Und da waren so verschiedene Überzeugungen, die ich nicht hinterfragte und die einen mehr und mehr in die Isolation und auch in die Einsamkeit getrieben haben."

Dann wird Arne Elsen krank. Eine beidseitige Stirnhöhlenentzündung, die sich über Wochen hinzieht. Das Fieber will nicht fallen. Erst vor Kurzem war ein Kollege aus dem Krankenhaus daran gestorben, da die Bakterien auf die Hirnhaut übergegangen waren. Eine Operation scheint unumgänglich. In dieser Situation bekommt er den Rat: „Es gibt christliche Gemeinden, wo sie für Kranke beten und manche sogar gesund werden. Probier' das doch mal aus." Arne Elsen hat nicht mehr viel zu verlieren. Zusammen mit seiner Frau besucht er eine christliche Gemeinde, die für ein paar Tage lang Abendgottesdienste für kranke Menschen veranstaltet.

Dort predigt ein Mann und spricht davon, dass Jesus für alle Menschen starb und dabei Schuld und Krankheit mit ans Kreuz genommen hat. Auf dieser Grundlage wird an diesem Abend um Heilung gebetet. Arne Elsen nimmt die Geschehnisse des Abends so hin, allerdings ohne eine Veränderung zu spüren. Am nächsten Morgen stellt er jedoch verblüfft fest: Kein Fieber, keine Entzündung, keine Schmerzen mehr. Ganz aufgeregt ruft er nach seiner Frau: „Also wenn das so ist, dann gehen wir da heute noch mal hin.“ Er hofft, dass er dadurch vielleicht auch seine langjährige Neurodermitis los wird.

Gesagt, getan. Beide gehen noch einmal zu dem Gottesdienst. Sie hören die Predigt, es wird gebet, dann geht es wieder nach Hause. Am nächsten Morgen vor dem Spiegel: „Donnerwetter!“ Kein Jucken, kein Nässen, keine Rötungen mehr – die Hauterkrankung war verschwunden.

Arne Elsen beginnt sich ernsthaft zu wundern: „Warum wussten wir das nicht?“ Am dritten Abend geht er wieder zur Veranstaltung – im großen Glauben daran, dass auch die Fehlfunktion seiner Schilddrüse geheilt wird. Doch diesmal geht er leer aus.

Arne Elsen ist verwirrt. Mal wird er geheilt, mal nicht. Zusammen mit seiner Frau nimmt er den christlichen Glauben unter die Lupe, besucht regelmäßig eine Gemeinde und liest in der Bibel. Es ist eine Art „Probezeit“, die zu Gottes Gunsten ausfällt. Arne Elsen findet heraus, dass es um eine persönliche Beziehung zu Jesus Christus geht und nicht um irgendeine automatische Kraft. 22 Jahre sind vergangen seit er seinen Traum gehabt hat und nun, mit 40, hat er endlich gefunden, was er gesucht hat.

Seine Erlebnisse bleiben für ihn als Arzt nicht ohne Konsequenzen. Was er am eigenen Leib erfahren hat, gibt er nun schon seit einigen Jahren auch an andere weiter: Gebet für seine Patienten. In seinen Behandlungen setzt er nicht mehr länger nur auf seinen Verstand, sondern auch auf die Kraft Gottes. Einen Glauben, den Gott auf erstaunliche Weise belohnt.

Hanna Noack

Buntes Leben

Gedankenverloren steht Hanna Noack in der Küche und malt, ein zweiter Pinsel steckt in ihrem dicken Haarknoten, die Augen leuchten, das Papier vor ihr wird immer bunter. Leuchtende Farben, fröhliche Formen, fast kindlich und doch mit einem besonderen Charme. Als Künstlerin will sie sich nicht bezeichnen, eher als „malende Hausfrau“. Dass sie damit glücklich ist, hätte sie noch vor wenigen Jahren nicht gedacht.

Lange drehte sich für sie alles um ihren Mann und ihre vier Kinder. Hanna Noack war mit Leib und Seele Hausfrau und Mutter. Doch nun sind die Kinder aus dem Haus. Endlich Zeit, noch mal etwas „Vernünftiges“ zu beginnen. Aber was?

Schon als Kind malt sie gerne, sie tanzt und spielt Gitarre. Doch in der Schule macht sie die Erfahrung, dass diese Talente nicht gefragt sind. Hanna Noack möchte gerne logisch mathematisch begabt sein, doch in ihr Aufgabenheft kritzelt sie lieber Strichmännchen statt Zahlen.

„Ich dachte, Kreativität ist was für Familie und Ehrenamt. Jetzt wollte ich aber auch mal ein bisschen Geld verdienen und etwas Anerkennung bekommen. Ich konnte mir nicht vorstellen, das mit irgendeiner kreativen Arbeit zu erreichen.“

Also macht sich Hanna Noack auf Jobsuche. Doch egal, was sie beginnt, sie bleibt unzufrieden. Der Wiedereinstieg in ihren alten Beruf als Krankenschwester scheitert. Auch als Verkäuferin oder Altenpflegerin wird sie nicht glücklich.

Sie ist frustriert, die Midlifecrisis hat sie voll im Griff. Sie hat das Gefühl, der Zug ist für sie abgefahren. Oft geht sie einfach spazieren. Raus in die Natur, um den Kopf frei zu kriegen.

„Ich war wirklich verzweifelt und dann habe ich gebetet. Mein Vater war Pfarrer und so habe ich gelernt, dass es einen Gott gibt, der sich für mich interessiert. Das wollte ich jetzt ausprobieren. Ich wollte wissen, ob das nur ein Wunschdenken ist, alles nur fromme Geschichten, oder ob das wahr ist." Stundenlang ist sie unterwegs, breitet ihre ganzen Nöte und Gedanken vor Gott aus. Hanna Noack will die kostbaren Jahre nicht verplempern. Sie will von Gott wissen, was sie mit der zweiten Lebenshälfte anfangen soll.

„Ich habe viel geweint bei diesen Spaziergängen, ich habe gesagt: Herr Jesus, ich brauche jetzt deine Hilfe. Du kennst doch meine Stärken. Du musst jetzt etwas für mich finden, was ganz in mein Leben passt. Ich war verzweifelt und bockig und habe zu Gott gesagt: Wenn du mir nicht hilfst, dann kannst du mir gestohlen bleiben. Eigentlich war für mich die Frage: Ist Gott ansprechbar für mich? Interessiert er sich wirklich für mich?"

Eines Tages kommt Hanna Noack wieder mal von einem dieser Spaziergänge zurück und ohne nachzudenken, kramt sie einen alten Ölfarbkasten hervor. „Den hat mein Mann mir vor 20 Jahren mal geschenkt und seitdem lag er in der Ecke. Die Farben waren schon ganz eingetrocknet. Und dann habe ich eine Geschichte gemalt. Ich habe das gar nicht geplant, ich hab mich hingesetzt und hab nur eins gemerkt: Es macht Freude." Das erste Werk nennt sie „Der Professor und die tanzenden Häuser". Die Malerei führt zu einem inneren Durchbruch. Eine Flut von Bildern entsteht, alle unbeschwert, fantasievoll und voller Lebensfreude, bunt und fröhlich wie Kinderbilder. Jedes Bild erzählt eine Geschichte. Lebensgeschichten, Tiergeschichten, Beziehungsgeschichten, Familiengeschichten, Phantasiegeschichten, Glaubensgeschichten – irgendwann ist die ganze Wohnung voll.

Eigentlich hat Hanna Noack Angst vor der Meinung anderer. Sie will nicht wegen ihres Malstils als naiv abgestempelt werden. Doch dann wagt sie es, zu ihrer kindlichen Seite zu stehen – und gestaltet ihre erste Ausstellung.

„Ich hatte fürchterliche Angst. Ich bin mit lauter Fotos von meinen Bildern in eine Galerie in Dresden gegangen. Die Chefin dort hat sich das angeschaut und gesagt: „Ja, Sie können mal hier ausstellen." Was sie selbst kaum für möglich gehalten hat, passiert: Die Besucher sind von ihren Bildern begeistert und innerlich berührt.

Inzwischen hat Hanna Noack viele erfolgreiche Ausstellungen gestaltet. Ihr Kosename „Hanka" ist ihr Künstlername geworden. Sie hat eine eigene „Klitzekleine Galerie", bekommt Anerkennung und Zuspruch und der ein oder andere Euro bleibt durch den Verkauf ihrer Gemälde auch hängen.

„Ich wünsche mir, dass die Betrachter meiner Bilder die Welt mit andern Augen sehen können. Ich möchte nicht wieder Kind sein, aber ich möchte Dinge auf das Wesentliche reduzieren, und das können Kinder. Ihre Bilder sind kraftvoll und schön, noch nicht so verbogen oder getrübt von Enttäuschungen. Ich male vielmehr nach Gefühl als nach Gehirn. Ich hab meistens einen Entwurf, aber wenn ich den dann auf die Leinwand werfe, kommt oft was ganz anderes dabei raus. Das Malen, die bunten Farben und Formen, das Kreative, das entspricht einfach meinem Wesen. Ich bete dabei auch immer, dass Gott mir was Fetziges schenkt."

Hanna Noack ist mutig geworden, zu ihrer Persönlichkeit und zu ihrer Kreativität zu stehen. Sie will nicht mehr mathematisch und logisch sein, sondern einfach Hanna Noack, die malende Hausfrau.

„Ich bin ein herrliches Original, ich bin Gott von Herzen dankbar, dass er mich so gemacht hat. Ich kann sagen: Ja, ich habe eine kindliche Seite. Ich kann nicht rechnen, aber ich kann malen. Das ist eine tolle Gabe von Gott. Jeder hat wunderbare Gaben von Gott, man muss sie nur entdecken. Und wenn ich meine Bilder betrachtet, freu' ich mich und kann sagen: Ja, so bin ich."

www.hankas-geschichtenbilder.de

Horst Weniger

Wem kann ich noch vertrauen?

Horst Weniger wächst in der DDR auf. Mit dem Glauben kann er nicht viel anfangen. Wenn er in der Kirche sitzt, bringt das „Amen“ am Schluss einer Predigt grundsätzlich seine Lebensgeister wieder in Schwung: „Nichts wie raus hier!“

Eines Tages wird er von jungen Leuten auf der Straße in einen ungewöhnlichen Gottesdienst eingeladen. Dort ist ein großes Schiff an die Wand gemalt, auf dem in dicken Buchstaben „Jesus“ steht. Daneben ist ein kleines Ruderboot zu sehen mit der Aufschrift: „Ich schaff' es allein!“ Horst Weniger fühlt sich ertappt. Genauso fühlt sich sein Leben an: anstrengend. An diesem Sonntag steigt er in den großen Dampfer um und lebt fortan sein Leben als Christ. Von nun an will er seine Hilfe von Gott erwarten. Und dazu hat er bald allen Grund. Denn das Leben in der DDR macht ihm mehr und mehr zu schaffen: „Ich habe festgestellt, dass das politische System, das uns von der SED beigebracht wurde, auf Lüge aufgebaut war. Aber ich wollte als Christ in der Wahrheit leben. Außerdem war man, wenn man mit Jesus lebte, ein Außenseiter und wurde als dumm bezeichnet. Glaube sei ‚Opium fürs Volk‘ – das hat mich mächtig geärgert.“

Dann heiratet er und wird Vater. Der militärische Einfluss des Staates auf die Kinder und die sozialen Nachteile wegen seines christlichen

Bekenntnisses kann er nicht länger hinnehmen. Im Gebet verstärkt sich der Wunsch, die DDR zu verlassen. 1975 stellt Horst Weniger einen Ausreise-Antrag, obwohl er sich des hohen Risikos bewusst ist. Er könnte seine Arbeit verlieren oder im Gefängnis landen. Vielleicht würden sie ihm sogar die Kinder wegnehmen. Auf jeden Fall macht er sich als Staatsfeind verdächtig. Eines Tages hört er in seinem Wohnzimmer einen markanten Pfeifton – in der Steckdose ist eine Wanze! Nun ist es ganz sicher: sie sind im Visier der Stasi. Horst Weniger wird bespitzelt, seine Frau Gisela verliert die Arbeit, Briefe werden konfisziert.

Die beantragte Ausreise wird abgelehnt, doch er gibt nicht auf. Insgesamt stellt er über 100 Anträge, um die DDR verlassen zu dürfen. Im März 1981 erhält die Familie plötzlich eine Vorladung. Die Kinder waren bereits in der Schule immer wieder ausgefragt worden, doch nun sollen alle sofort zum Amt für Inneres kommen. Horst Weniger bekommt Angst. Hat er zu hoch gepokert? Hat er seine Familie für eigennützige Ziele in Gefahr gebracht? Das folgende Verhör wird für ihn und seine Frau zur Zerreißprobe: Die Kinder werden zwar in ihrem Beisein, aber gesondert befragt: „Nur ein einziges Wort oder ein Blick von Ihnen und die Kinder bleiben hier" – heißt es. Und an die Kinder gerichtet: „ Wollt ihr wirklich in den Westen, weg von euren Freunden, wo ihr niemanden kennt?" Nach einigen Sekunden Stille ertönt das erlösende „Ja" der jüngsten Tochter und damit war die Ausreise genehmigt.

Nach 6 Jahren erbitterten Wartens darf die Familie also endlich in den Westen. Jeder darf 2 Koffer mitnehmen. Beim Grenzübergang müssen sie noch einmal die Luft anhalten, bis die Grenzpolizei die Kontrolle abgeschlossen hat und ihnen auch noch ihr letztes Geld – 10 Mark – abgenommen hat.

In der neuen Heimat angekommen, haben sie nicht viel Zeit, zur Ruhe zu kommen. Bald müssen sie feststellen, wie weit der Arm der Stasi wirklich reicht: Horst und Gisela Weniger entdecken merkwürdige Gestalten in der Nähe ihres Hauses. Sie werden tatsächlich noch immer beschattet!

Das ist zu viel. Gisela Weniger erleidet einen Herzinfarkt, Horst selbst wird depressiv. War es das alles wert? Nach einigen Monaten jedoch wird es ruhiger, und ganz langsam fasst die Familie Fuß.

Die Jahre vergehen, bis sich 1989 die Mauer öffnet. Horst Weniger will sich noch einmal seiner Vergangenheit stellen und fährt nach Berlin, um seine Stasi-Akten einzusehen. Was er darin entdeckt, kann er kaum glauben: Von seinem ersten Tag in der Bundesrepublik bis zum Mauerfall ist über sein Leben detailliert Buch geführt worden. Er ist die ganzen Jahre bis zur Wende observiert worden – selbst im Westen! Als er weiter blättert, versetzt es ihm einen letzten schweren Schlag: Noch zu DDR-Zeiten ist er von engsten Vertrauten und Bekannten ausspioniert und an die Stasi verraten worden. Das sitzt tief. Er liest Namen von Menschen, die er seine Freunde wähnte. Horst Weniger fragt sich: Wem kann ich eigentlich noch wirklich vertrauen? Eines weiß er ganz sicher: Auf Gott kann er sich immer verlassen. Ihm will er auch treu sein. Das bedeutet für ihn jetzt eine ganz besondere Herausforderung:

„In meiner Bibel steht, dass Jesus uns sagt, dass wir unseren Feinden vergeben sollen. Für mich wurde die Stelle ganz wichtig, wo Jesus am Kreuz hing und sagte: ‚Vater vergib ihnen, denn sie wissen nicht, was sie tun.‘ Da war bei mir erst der Gedanke: ‚Moment mal, die wussten doch genau, was sie taten.‘ Aber dann hat Gott zu mir gesprochen und ich spürte: Letztendlich wussten sie es doch nicht. Mir wurde bewusst, dass Jesus alle meine Sünden vergeben hat, als ich ihm mein Leben anvertraute. Niemals hat er mir je eine Verfehlung vorgehalten und das wollte ich jetzt auch nicht tun. Deshalb entschied ich mich, so zu handeln wie er, und habe vergeben. Das war zunächst eine Willensentscheidung und keine Gefühlssache. Danach habe ich allerdings gemerkt, dass ich viel ruhiger und liebevoller wurde. Ich habe den Segen gespürt, den man erlebt, wenn man vergibt: Freiheit.“

Christa Höppner

Einmal durch die Hölle

Für Christa Höppner ist ihre Kindheit ein einziges Martyrium. Sie wird häufig geschlagen – erleidet insgesamt 19 Knochenbrüche. Ihre Mutter ist psychisch krank, ihre Wutanfälle sind unberechenbar.

„Wehe ich habe irgendwas gemacht oder gesagt, was ihr nicht gepasst hat, dann ist sie regelrecht durchgedreht. Sie hat angefangen zu schreien und mich dann eben mitunter auch so zusammengeschlagen, dass ich ins Krankenhaus kam."

Noch mehr als die Schläge, die sie regelmäßig bekommt, schmerzen die Worte der Mutter.

„Ich kann mich nicht erinnern, dass sie mich mal in den Arm genommen hat. Geschweige denn, dass sie mir gesagt hat, dass sie mich lieb hat. Im Gegenteil, sie hat immer gesagt: ‚Hätte ich dich nur im ersten Badewasser ersäuft.'"

Mit 17 Jahren erleidet Christa Höppner einen Schädelbasisbruch. Ihre Mutter hat ihren Kopf mit voller Wucht gegen eine Wand geschlagen. Endlich hat sie den Mut, sich dem Jugendamt anzuvertrauen und zu Hause auszuziehen. Nun ist sie auf sich allein gestellt. Es folgen Jahre voller unglücklicher Partnerschaften – meist mit älteren Männern. Mit 23 heiratet sie und bekommt bald darauf einen Sohn. Doch die Ehe zerbricht, als ihr Mann ein Verhältnis mit einer jungen Kollegin beginnt. Christa Höppner ist jetzt alleinerziehende Mutter.

Der nächste Schicksalsschlag lässt nicht lange auf sich warten: Brustkrebs. Die Ärzte geben ihr noch eineinhalb Jahre zu leben.

„Es war ein harter Kampf gegen den Krebs. Ich habe geweint wie noch nie in meinem Leben und hatte Selbstmordgedanken. An diesem Punkt habe ich eine Art Gebet gesprochen. Ich habe gesagt: ‚Ich möchte noch mal von vorne anfangen. Eigentlich will ich nicht sterben, ich will leben'. Ich habe das einfach so gesagt, ohne richtigen Adressaten, denn mit Gott hatte ich damals eigentlich nichts am Hut. Aber dann war da plötzlich eine Stimme hinter mir, die gesagt hat: ‚Kämpf weiter, Christa, ich bin bei dir'. Ich wusste, dass ich alleine zu Hause bin. Ich habe aufgehört zu weinen und meine Augen zugemacht, und dann lief vor meinem geistigen Auge ein Film ab, in dem ich mein ganzes Leben gesehen habe. Und in diesem Film waren acht Situationen, die ich erlebt habe und wo ich eigentlich hätte sterben müssen. Mir wurde klar, dass ich eigentlich schon längst nicht mehr am Leben sein dürfte.

Und dann kam die Stimme wieder und hat gesagt: ‚Siehst du, ich habe immer auf dich aufgepasst. Ich habe dich immer bewahrt und beschützt. Ich habe dich immer geliebt, obwohl du mich abgelehnt hast'. Da wusste ich von einer Sekunde zur anderen, ich habe einen liebenden Gott im Himmel. Ich wusste ja bis dahin gar nicht, wie das ist, geliebt zu sein. Und dann bin ich auf die Suche gegangen nach diesem Gott."

Ausgerechnet im Wartezimmer ihres Zahnarztes stößt Christa Höppner auf eine Bibel und beginnt zu lesen. „Zu dem Zeitpunkt wusste ich noch nicht mal, dass das eine Bibel ist. Ich hatte noch nie in meinem Leben eine Bibel in der Hand gehabt. Also habe ich dieses Buch genommen und aufgeschlagen und das Erste, was ich gelesen habe, war der Vers: ‚Wer bittet, dem wird gegeben, wer sucht, der findet, wer anklopft, dem wird aufgetan'. Das hat mich neugierig gemacht."

Christa Höppner darf die Bibel mit nach Hause nehmen. Sie liest weiter und sucht Kontakt zu einer christlichen Gemeinde. Ihr wird klar: Diesem Jesus, der sie so oft vor dem Tod bewahrt hat, kann sie vertrauen. In einem Gebet gibt sie ihr Leben bewusst in seine Hände. „Danach hatte ich das Gefühl, dass eine zentnerschwere Last von meinen Schultern fällt und stattdessen ein großer Frieden in mein Herz kommt, der bis heute geblieben ist."

Stück für Stück vergibt sie in den folgenden Jahren den Menschen, die ihr Leid zugefügt haben – sogar ihrer Mutter. „Ich habe gemerkt, dass Vergebung unendlich wichtig ist. Nicht nur wegen der anderen, sondern wegen mir selbst, damit ich frei werde von dieser Last."

Trotzdem ist die Beziehung zu ihrer Mutter weiterhin getrübt, bis diese im Februar 1998 nach einem Zusammenbruch ins Krankenhaus kommt. Die Ärzte stellen einen Hirntumor fest. Monatelang besucht Christa Höppner sie jeden Tag. „Dann ist sie ins Wachkoma gefallen. Sie konnte sich nicht mehr bewegen und auch nicht reden. Und dann habe ich mir mal alles von der Seele geredet. Ich habe ihr gesagt, was sie getan hat und wie es mir dabei ergangen ist. Alles, wofür sie sich nie entschuldigt hatte. Aber ich habe ihr dann auch von meinem Weg zu Jesus erzählt und dass Jesus mir geholfen hat zu vergeben. Ich hab ihr gesagt, dass ich ihr nicht mehr böse bin und ihr das alles vergeben habe. Gleichzeitig habe ich sie um Vergebung gebeten für meine Rebellion, und dass ich für sie nie die Tochter war, die sie sich eigentlich gewünscht hätte."

Als Christa Höppner drei Tage später ins Krankenhaus kommt, sitzt ihre Mutter wach im Bett und sagt: „Guck mal, mein Mädele ist da! Ich habe alles gehört, was du mir gesagt hast!"

Christa Höppner kommt aus dem Staunen nicht mehr heraus, denn ihre Mutter erzählt, sie habe daraufhin auch ihr Leben Jesus anvertraut. „Und dann bat sie mich um Vergebung und sie hat die Worte gesagt, die ich mein ganzes Leben lang nicht gehört habe: ‚Ich habe dich lieb!' Ich musste erst 50 Jahre alt werden, um das zu erleben."

Zwei Monate später stirbt ihre Mutter. Christa Höppner ist Gott unendlich dankbar, dass sie diese Zeit noch gemeinsam verbringen durften.

Roland Walter

Spastisch glücklich

Die Menschen nennen mich behindert,
und sie haben recht, das bin ich auch.
Gott nennt mich seine gute Schöpfung,
und ER hat recht, das bin ich auch.

Die Menschen nennen mein Leben kostspielig,
und sie haben recht, das ist es auch.
Gott sagt, mein Leben ist wertvoll,
und ER hat recht, das ist es auch.

Die Menschen nennen mich unproduktiv,
und sie haben recht, das bin ich auch.
Gott sagt, ich bin ein Brückenbauer
zwischen Behinderten und Nichtbehinderten,
und ER hat recht, das bin ich auch.

Die Menschen nennen mein Aussehen abstoßend,
und sie haben recht, das ist es auch.
Gott sagt, mein Lachen ist schön,
und ER hat recht, das ist es auch.

Tiefe Gedanken von Roland Walter. Er gehört zu den Menschen, denen man ihre Intelligenz nicht auf den ersten Blick ansieht. Seit seiner Geburt ist er spastisch gelähmt, er sitzt im Rollstuhl, das Sprechen fällt ihm schwer.

Eines aber sieht man Roland Walter sofort an: seine Lebensfreude. Er lacht gerne und ist trotz seiner Einschränkungen ein fröhlicher und zufriedener Mensch. „Es lohnt sich zu leben", sagt er.

Roland Walter wurde bei der Geburt in der Gebärmutter gedreht. Dabei kam es zu Sauerstoffmangel. Zellen im Gehirn starben ab. Deswegen ist er in seinen Bewegungen stark eingeschränkt. Seine Muskeln ziehen sich unwillkürlich zusammen, ähnlich wie Krämpfe. Er kann alles bewegen, aber hat wenig Kontrolle darüber. Nur auf eine Tätigkeit kann er sich konzentrieren. Sitzt er am Computer und versucht die Tasten zu treffen, verliert er die Kontrolle über seine Beine, die Sitzhaltung und den Speichelfluss.

„Meine Behinderung ist mir mit 11 oder 12 Jahren bewusst geworden", erinnert er sich. „Was mich damals störte, war nicht, dass ich bestimmte Sachen nicht machen kann, sondern, dass ich immer auf fremde Hilfe angewiesen war."

In der DDR muss er lange darum kämpfen, eine Ausbildung als Kaufmann absolvieren zu dürfen. Daneben erledigt er Schreibarbeiten für verschiedene Auftragsgeber.

Als er eines Tages schwer stürzt, zieht er sich einen doppelten Schädelbruch zu. Im Krankenhaus wird er jedoch nicht behandelt wie alle anderen: „Die teuren Medikamente können wir uns sparen, der ist ja sowieso behindert." Erst nach heftigen Protesten seiner Eltern bekommt er die notwendige medizinische Versorgung.

Auch auf seinen ersten Elektro-Rollstuhl muss er viele Jahre warten. Er stellt einen offiziellen Antrag an den Staatsrat der DDR und erlebt eine Welle von Schikanen. Nach sieben Jahren bekommt er endlich den ersehnten E-Rolli.

Seit 2001 lebt Roland Walter in seiner eigenen Wohnung. Doch allein ist er fast nie. Tagtäglich bekommt er Besuch von sogenannten Assistenten,

Mitarbeitern des Vereins „Ambulante Dienste". Sie kochen, putzen, helfen beim Gang zur Toilette oder begleiten ihn auf seinen Reisen. „Für Altenheime war ich zu jung, für Einrichtungen für geistig Behinderte zu intelligent und für betreutes Wohnen zu behindert", sagt Roland Walter. Nach über 500 Absagen auf Bewerbungen erfuhr ich vom Assistenzmodell in Berlin."

Die Assistenz ist für Roland Walter ohne Frage ein Segen. Doch gleichzeitig spürt er seine Einschränkung gerade dann, wenn er auf fremde Hilfe angewiesen ist. Und das ist er fast immer. Manchmal hat er Tage, da fühlt er sich nicht wohl in seiner Haut: „Da liege ich morgens im Bett und denke: Warum muss ich jetzt wieder den Assistenten rufen? Warum kann ich nicht mal einen Tag allein verbringen?"

In diesen Zeiten hilft es Roland Walter, christliche Lieder zu hören. „Dadurch erfahre ich immer wieder Gottes Nähe", sagt er. Sein Alltag ist geprägt von Einschränkungen. Trotzdem will Roland Walter für seine Mitmenschen ein Segen sein: „Ich darf anderen Menschen mit meiner Behinderung zeigen, dass es nicht selbstverständlich ist, dass man laufen kann. Und dass es auch nicht selbstverständlich ist, dass man deutlich sprechen kann."

Seine Sprachstörung hindert Roland Walter übrigens nicht daran, ein äußerst kommunikativer Mensch zu sein. Das Leben mit Assistenz erlaubt ihm die Entfaltung seiner Fähigkeiten. Er ist Jugendgruppenleiter, Redakteur und Webmaster. Er organisiert integrative Freizeiten für Behinderte und Nicht-Behinderte, hält Vorträge und Predigten.

Einer seiner Freunde bringt auf den Punkt, was Roland Walter so besonders macht: „Mich fasziniert seine Fröhlichkeit, seine Offenheit und die Freude. Und das trotz seiner Behinderung. Das zeigt mir, dass es eine Freude gibt, die unabhängig ist von äußeren Bedingungen."

Roland Walter will gerne ein Segen für andere Menschen sein. Und er ist es auch.

Jürgen und Marianne Lehmann

Pflegefall Eltern

Schon seit Jahren leidet Jürgen Lehmanns Mutter an Alzheimer. Jetzt geht es einfach nicht mehr. Die Geschwister treffen sich in Berlin, um die Situation zu besprechen. Die Empfehlung des Hausarztes war deutlich: Nur ein Pflegeheim könne ab jetzt noch die notwendige Versorgung der Mutter leisten. Schweren Herzens entscheidet sich die Familie, diesem Rat zu folgen. Auch Jürgen Lehmann ist überzeugt, dass dies die beste Lösung für die ganze Familie ist.

Drei Jahre lebt seine Mutter bereits in einem Krankenpflegeheim, als Jürgen Lehmann eines Morgens im Badezimmer vor dem Spiegel steht und sich rasiert. Völlig unvorbereitet trifft ihn ein Gedanke: „Warum pflegst denn du deine Mutter nicht?“ Sofort fallen ihm viele Ausflüchte ein. Er ist schließlich Computerfachmann und keine Pflegekraft. Eine soziale Ader hat er nun wirklich nicht. Doch die innere Stimme bleibt hartnäckig. Schließlich gibt er nach: „Ja, ich tue es.“ Er selbst ist von seiner Antwort überrascht. Er eilt in die Küche, um seiner Frau von seinem Erlebnis zu erzählen. Zunächst ist sie fassungslos. Ihr erster Gedanke: „Wovon sollen wir leben, wenn er seinen gut bezahlten Job aufgibt?“ Doch dann fällt ihr ein, dass sie in der vergangenen Nacht denselben Gedanken hatte. Doch bei ihr geht es nicht nur um seine Mutter, sondern auch um ihre eigene. Die lebt in einer Einliegerwohnung des Hauses. Seit einem Schlaganfall ist auch sie pflegebedürftig. Marianne Lehmann lässt das von einem Pflegedienst erledigen. Doch nun sieht auch sie sich plötzlich mit der Frage konfrontiert: „Warum pflegst du sie nicht?"

Ist es das schlechte Gewissen, das die beiden plagt? Schon bald kommen sie zu dem Schluss, dass diese innere Stimme einen anderen Ursprung hat. Sie sind sich sicher, dass es Gottes Stimme ist.

Jürgen Lehmann nimmt schließlich ein Angebot seines Arbeitgebers an und geht vorzeitig in den Ruhestand. Auch seine Frau gibt ihren Beruf auf. Ihre Aufgabe sehen beide nun zu Hause, in der Pflege ihrer Mütter. Das Ehepaar besucht Alten- und Krankenpflegekurse um sich auf ihre neue Aufgabe vorzubereiten.

Doch es wird viel schwerer als erwartet. Jürgens Mutter ist oft unruhig, manchmal sogar sehr aggressiv. Vor allem die Nächte machen ihnen zu schaffen: „Sie konnte stundenlang, ununterbrochen reden", erinnert sich Marianne Lehmann. „Und da ich einen leichten Schlaf habe, hat mich das sehr gestört. Ich kam überhaupt nicht mehr zur Ruhe und war total durcheinander. Rund um die Uhr zu pflegen und dann nachts nicht richtig schlafen zu können, das hat mir Kraft und Nerven geraubt."

Doch das ist noch nicht alles. Marianne Lehmann hat noch einen ganz anderen Kampf zu bestehen. Die Pflege ihrer eigenen Mutter bringt sie an ihre persönlichen Grenzen. Zu viele innere Verletzungen haben sich in den letzten Jahren angestaut. Während Mariannes ältere Schwestern studieren durften, wurde ihr von Anfang an gesagt: „Du bleibst zu Hause, du versorgst uns mal im Alter." Auch ihre Ehe mit Jürgen wurde gegen den Widerstand der Mutter geschlossen. Zur Hochzeit wünschte sie ihr „alles Böse".

Diese Frau sollte sie nun pflegen? Wie sollte das gehen?

„Gott hat zu mir gesagt: ‚Vergib deiner Mutter!' Ich war schockiert und sagte: ‚Gott, das hat sie nicht verdient.' Doch ich wusste, dass ich es tun musste. Jesus Christus hat alles für mich getan und hat mit vergeben. Also wollte ich meiner Mutter auch vergeben. Aber ich konnte es nicht. Dann hatte ich eine Idee. Ich nahm ein Stück Papier und schrieb darauf: ‚Ich vergebe meiner Mutter.' Diesen Zettel habe ich neben mein Bett gelegt. Und jeden Abend nahm ich ihn und las ihn, zunächst mit sehr zwiespältigen Gefühlen, aber dann wurden die Gefühle immer besser, bis ich am Ende sagen konnte: „Ja, ich vergebe meiner Mutter."

Eines Tages findet Marianne Lehmann ihre Mutter im Badezimmer bewusstlos auf dem Boden liegen. Sie rennt auf die Straße, um Hilfe zu holen. Irgendwo muss doch ein starker Mann sein. Aber es findet sich niemand. Sie selbst mit ihrer kleinen Kraft ist nun gefragt. „Als ich mich zu meiner Mutter hinunterbeugte, überkam mich eine Liebe für diese alte Frau, und ich wusste, das war Gottes Liebe. So liebt er mich und so liebt er meine Mutter. Ich habe sie hochgehoben und ins Wohnzimmer gebracht. Als sie wieder zur Besinnung kam, schaute sie mich ganz klar an. Ab diesem Zeitpunkt hat sich unser Verhältnis verändert. Aber ich musste mich zuerst ändern."

Später hat Marianne Lehmann den Eindruck, sie solle ihrer Mutter einmal etwas Schönes sagen. Aber was kann das sein, nach all den Konflikten? Sie denkt an ihre glückliche Kindheit, doch tagelang ist sie nicht in der Lage, etwas zu sagen. Als sie gerade dabei ist, ihre Mutter zu duschen, traut sie sich: „Du ich möchte dir sagen, dass ich eine schöne Kindheit hatte." Die Reaktion ihrer Mutter beschämt Marianne Lehmann bis heute. Wie ein Kind schmiegt die alte Frau sich an sie: „Danke, danke, danke, das ist das erste Mal, dass eines meiner Kinder sagt, dass ich etwas richtig gemacht habe."

Beide Mütter sind inzwischen gestorben. Die Zeit der Pflege hat Marianne und Jürgen Lehmann viel Kraft gekostet. Doch trotz aller Schwierigkeiten: Sie würden es jederzeit wieder tun.

Foto: ©Peter Kirchhoff/PIXELIO

Friedrich Kurz

Der Musical-Missionar

In der Schule schon war Friedrich Kurz ein Rebell. Noch vor dem Abschluss wandert er in die USA aus. Dort verdient er sein Geld unter anderem als Skilehrer und Fußballprofi.

Er studiert – obwohl er kein Abitur hat – in den USA, Frankreich und England. Er träumt von einer Karriere als Regisseur. Als das nicht funktioniert, sattelt er um und wird Börsenmakler. Damit verdient er ein Vermögen. Er reist mit seiner Lebensgefährtin um die Welt und genießt das Leben.

Über einen gemeinsamen Freund lernt Friedrich Kurz eines Tages den Komponisten Andrew Lloyd Webber kennen. Das bringt ihn auf eine neue Geschäftsidee: Er will die erfolgreichen Webber-Musicals nach Deutschland bringen. Webber selbst ist skeptisch, doch der Deutsche lässt nicht locker: „Ich übernehme das Risiko." Das überzeugt den Komponisten.

Friedrich Kurz gründet die Firma „Stella". Und damit beginnt der Musicalboom in Deutschland. Ob „Cats", „Phantom der Oper" oder „Starlight-Express", alle Projekte werden ein voller Erfolg.

Doch genauso schnell, wie es für Friedrich Kurz bergauf geht, geht es anschließend auch wieder bergab. In der 90er Jahren kämpft er gegen die feindliche Übernahme seines Musical-Unternehmens. Das gelingt zunächst.

Schließlich verkauft er seine Firmenanteile jedoch an einen Mitgesellschafter, mit dem er auf keinen Fall länger zusammenarbeiten will.

Friedrich Kurz produziert noch weitere Musicals, doch der Erfolg bleibt aus. Eine Produktion über Marlene Dietrich zum Beispiel wird nach wenigen Wochen schon wieder abgesetzt.

Aber immer noch ist er ein gemachter Mann und mehrfacher Millionär – bis der geschäftlichen Enttäuschung auch noch eine private folgt.

Der amerikanische Schauspieler Robert Redford, mit dem er lange Jahre befreundet war, spannt ihm die Partnerin aus. Durch die Trennung verliert er nicht nur die Frau an seiner Seite und einen guten Freund, sondern auch viel Geld. Ein US-Gericht spricht ihr fast das ganze Vermögen zu.

„Ich habe damals den Glauben an die Menschheit endgültig verloren", sagt der einstige Musicalkönig im Rückblick. „Ich empfand eine totale Leere, grenzenlose Langeweile und Sinnlosigkeit."

In dieser Phase begegnet er einem Börsenmakler, der ihm die Lektüre der Bibel empfiehlt. „Ich war schon beeindruckt, dass ein Börsenmakler sich so in der Bibel auskennt. Aber ich bin damals vor Gott weggelaufen, wollte nichts damit zu tun haben."

Trotzdem: Gott scheint ihn eingeholt zu haben. In einem schwedischen Hotelzimmer hat Friedrich Kurz ein fast unglaubliches Erlebnis: „Es wurde sehr dunkel und an mir zogen Dämonen vorbei, Fratzen, acht oder zehn vielleicht. Und dann wurde es mit einem Schlag so hell, dass man es kaum beschreiben kann. Ich habe Wärme gespürt, das war wie eine Umarmung. Ich bin richtig getragen worden. Wärme und Freude."

Foto: ©Michaela Weber/PIXELIO

Als er aus diesem Tagtraum erwacht, liegt er auf dem Bett, mit einer Hotelbibel auf der Brust. „Als ich wieder zu mir kam, wusste ich, das war das Licht Gottes." In der Bibel liest Friedrich Kurz einige Sätze aus dem Timotheus-Brief: „Gott hat uns nicht einen Geist der Feigheit gegeben, sondern der Kraft und der Liebe und der Besonnenheit."

„Ich bin aufgestanden, in die nächste Telefonzelle gegangen und habe diesen Börsenmakler angerufen. Ich fragte: ‚Erinnern Sie sich noch an mich? Ich bin Friedrich Kurz. Ich bin gerade in Schweden und würde mich gerne taufen lassen.'"

Die Taufe wird schließlich so ungewöhnlich, wie das Leben von Friedrich Kurz eben ist. Sie findet in Berlin in einer Badewanne statt.

Sein Leben ändert sich radikal. Er reist immer noch gerne, aber auf die wilden Partys von früher hat er keine Lust mehr. Ideen und Konzepte hat er immer noch. Aber Erfolg und Geld stehen nicht mehr im Mittelpunkt. Für sein Glück braucht ein keine Millionen auf dem Konto. Keine Spur mehr von Leere, Langeweile und Sinnlosigkeit.

„Früher habe ich mich vom Erfolg treiben und antreiben lassen. Ich habe in Saus und Braus gelebt. Natürlich brauche ich auch heute noch Geld. Aber das bestimmt nicht mehr mein Leben."

Wenn es um neue Projekte geht, nimmt sich Friedrich Kurz heute besonders viel Zeit für die Umsetzung. Er will es richtig machen, aber kein Macher mehr sein: „Ich lasse es Gott machen und ich mache mit."

Peter Schmidt

Stark für Gott

„Ich hab' irgendwann mal ein Bild von so einem eingeölten Muskelprotz gesehen, das mich total beeindruckt hat, und dachte: Wenn du so aussehen würdest, dann könnte dir niemand mehr etwas anhaben." Das scheint die Lösung für Peter Schmidt! Als Scheidungskind wird er viel herumgeschoben. Etliche Umzüge lassen es nicht zu, dass der Junge sich irgendwo heimisch fühlt. Oft wird er ausgegrenzt und gemobbt, als „der Neue" ist er ein willkommenes Opfer für die Gemeinheiten seiner Mitschüler – bis er 17 Jahre alt ist.

Ab jetzt beginnt Peter Schmidt hart zu trainieren, um sich das nicht mehr gefallen zu lassen. Tag für Tag, auf immer höherem Level. Sein Ziel: Aussehen wie Mister Universum – mit breitem Kreuz und starken Muskeln. Er ist sicher: Damit wird er Eindruck schinden. Und das Training schlägt an. Sein Körper zeigt bald die erwünschte Wirkung: „Es entwickelte sich so eine richtige Sucht nach Anerkennung, ein unbändiger Ehrgeiz. Es war einfach ein super Feeling, auf einmal auf einer Flachbank 30 Kilo mehr zu drücken, mehr Kraft zu bekommen, Muskeln an dir wachsen zu sehen – aber das Wichtigste war die Anerkennung von außen: Hey, guck dir mal den an! Ja, ich war im Prinzip ein egozentrischer, selbstvergötternder Bodybuilder, der an keinem Spiegel vorbeikam, ohne sich darin selbstverliebt zu betrachten."

Peter Schmidt bringt es sehr weit. Erst deutscher Meister, dann Vize-Europameister und schließlich Dritter bei der Weltmeisterschaft der Amateure. Doch um Spitzenleistungen zu erzielen, geht er ein hohes Risiko ein: Doping. 1992 ist er ganz oben auf der Erfolgswelle, eröffnet sogar sein eigenes Fitness-Studio. Innerhalb von 10 Jahren hat er es

also geschafft. Peter Schmidt hat sich einen Traum erfüllt. Nach außen sieht alles perfekt aus – doch der Schein trügt.

Durch einen Versicherungsmakler gerät er eines Tages auf eine Geburtstagsparty, wo ihm zum ersten Mal gläubige Christen begegnen. Sie erzählen ihm vom Glauben und schenken ihm sogar eine Bibel. Peter Schmidt macht sich nur lustig darüber. Ein Satz aus den Gesprächen bleibt ihm jedoch im Gedächtnis: „Der Teufel regiert diese Welt!“ Das ist genau das, was er eigentlich ständig erlebt, denkt er. Die Menschen sind so abgebrüht, jeder betrügt jeden, alle stumpfen immer mehr ab. Auf der Heimfahrt in seinem Auto äußert er lässig: „Ey, Gott, wenn's dich gibt, kannste dich ja mal bei mir melden!“ – In diesem Moment tut es einen Schlag und sein Autoreifen platzt! Ein Wink mit dem Zaunpfahl, den Peter Schmidt allerdings schnell wieder vergisst.

Dann bekommt er in der Bodybuildingszene zwielichtige Kontakte ins Rotlichtmilieu. Um sein Studio kümmert er sich immer weniger, stattdessen verprasst er sein ganzes Geld mit Prostituierten und Drogen. Schließlich wird er kriminell. Der Schuldenberg wächst weiter, sodass er sein Geschäft nicht länger halten kann. Peter Schmidt geht bankrott und verliert sein Fitness-Studio. Er geht keiner geregelten Arbeit mehr nach und endet als Rausschmeißer in einer Diskothek. Hier spielt er den starken Mann, doch hinter der Fassade fühlt er sich schwach und hilflos. Er denkt sogar an Selbstmord.

Ausgerechnet in der Diskothek begegnet er wieder einem Menschen, der an Gott glaubt: „Da kam dann irgendwann so ein Typ vorbei, den ich irgendwie erst als Jesus-Spinner abgetan hab' und der mit meinem Türsteherkollegen über Jesus und die Bibel diskutiert hat. Und ich hab mich dann in die Gespräche eingemischt und hab versucht, das, was er da so erzählt, zu widerlegen. Aber irgendwann war ich so weit, dass ich den Typ nachts angerufen hab' und gesagt hab': ‚Hey Junge, wollen wir uns mal treffen?' Und dann hat er gleich reagiert. Wir haben uns ins Auto gehockt und dann hat er mir das noch mal ganz genau mit dem Glauben erklärt. Ich hab' dann einfach in einem Gebet, das ich ihm nachgebetet hab', meine Sünden bekannt und hab' mein Leben in die Hände von Jesus Christus gelegt."

Danach fährt Peter Schmidt nach Hause

und kramt die Bibel hervor, die er kürzlich auf der Geburtstagsfeier geschenkt bekommen hat. Er schlägt sie auf und beginnt zu lesen. „Da kamen zwar keine Engelein geflogen, aber ich hab' auf einmal das, was in der Bibel steht, wirklich erlebt: den Frieden, den die Welt nicht kennt, den hab' ich an diesem Abend auf einmal gespürt. Und wenn ich heute zurückschaue, kann ich den roten Faden sehen, wie Gott mich da rausgeholt und weitergeführt hat, dorthin, wo ich heute stehe – da bin ich ihm wirklich sehr, sehr dankbar dafür."

Einige Jahre später macht Peter Schmidt eine Umschulung zum Erzieher – eine Idee, auf die nur Gott kommen konnte, so der Ex-Bodybuilder heute. Daraufhin arbeitet er in der Jugendhilfe. In dieser Zeit heiratet er Marion, die wie er ein Herz für Jugendliche hat. Gemeinsam führen die beiden heute ein Leben in einer Großfamilie, in der auch Pflegekinder aufgenommen werden.

„Meine Kraft ist heute ganz klar Jesus Christus, meine persönliche Beziehung zu dem Gott, der das Universum und jeden einzelnen Menschen geschaffen hat. Ja, es ist diese Beziehung, die mir total Rückhalt gibt, die mir Kraft gibt, auch wenn ich schwach bin." Übrigens: Kraft-Training und Muskeln findet Peter Schmidt heute immer noch gut. Aber beeindrucken muss er damit niemanden mehr.

Kontakt: www.big-fam.de

Gudrun Langer

Mogelpackung Esoterik

Ohnmachtsanfälle, Asthma, Neurodermitis, Hyperaktivität. Die verschiedenen Krankheiten ihrer vier Söhne verlangen ihr alles ab. Gudrun Langer braucht dringend Rat. Doch konventionelle Therapien bringen kaum Besserung. Sie macht sich Sorgen, kommt ans Ende ihrer Kräfte. Auf der Suche nach Hilfe beschäftigt sie sich schließlich auch mit alternativen Heilmethoden.

„Ich dachte, das ist eine gute Sache, diese alternative Medizin. Das schadet den Kindern auch nicht so wie herkömmliche Medikamente. Und ich habe einfach gehofft, dass das hilft."

Tatsächlich zeigen die neuen Methoden erste Erfolge. Das weckt ihre Neugier. Immer intensiver beschäftigt sie sich mit esoterischen Praktiken: Reiki, Chakrenlehre, Bachblüten oder Aura-Soma. Sie probiert alles aus, was der Markt so hergibt. Sie kommt in Kontakt mit interessanten Menschen. Die Gurus und Heiler faszinieren sie.

Sie verspürt den Wunsch, diese Praktiken selbst zu erlernen, um anderen Menschen, helfen zu können: „Es war ein Gefühl von Macht, das Zünglein an der Waage sein zu können, aber ich entwickelte auch eine Art Helfersyndrom."

Bei einer Geistheilerin und klinischen Psychologin erhält Gudrun Langer eine Ausbildung in Aura-Soma. Die Heilmethode geht davon aus, dass jeden Menschen ein elektromagnetisches Feld, die sogenannte Aura, umgibt. Besonders sensitive Menschen seien in der Lage, diese

Aura in Form von Farben zu sehen. Aura-Soma sieht sich als ganzheitliche Seelentherapie, in der sich heilende Schwingungen von Farben, Kristallen und natürlichen Düften mit dem Licht verbinden, um Körper, Seele und Geist des Menschen wieder zu harmonisieren. Gudrun Langer ist begeistert: „Ohne jegliche psychologische Ausbildung hatte ich mit Aura-Soma etwas in Händen, das mir half, in das Leben von Menschen zu schauen."

Bald arbeitet sie selbst als „Lebensberaterin". Die Menschen kommen mit den unterschiedlichsten Problemen zu ihr, von der Ehekrise bis zu finanziellen Schwierigkeiten.

Um helfen zu können, nimmt Gudrun Langer in ihren Sitzungen Kontakt zur sogenannten „geistigen Welt" auf. Sie meditiert und wartet auf „Durchsagen" ihrer „Meister".

Gudrun Langer hat nicht nur das gute Gefühl, helfen zu können, sie verdient mit ihren Therapien auch noch gutes Geld. Doch die Anfangseuphorie ist schnell verflogen: „Ich merkte, dass ich den Menschen nicht so umfassend helfen konnte, wie ich es mir wünschte."

Auch an sich selbst probiert sie die esoterischen Praktiken aus, die sie bei ihren Patienten anwendet. Die Aura-Soma-Therapie löste früher bei ihr Glücksgefühle aus. Doch plötzlich bleibt die Wirkung aus. Ihr Mann ist zusehends genervt von ihren ständigen Versuchen, auch alle privaten Probleme anhand der erlernten Therapien zu deuten und zu verbessern. Er fühlt sich manipuliert. Gudrun Langer kämpft mit aller Macht um Erfolg und Anerkennung ihrer Methoden. Aber sie stellt fest: „Mein Herz wurde dabei immer kälter und liebloser."

In dieser Situation erhält sie die Einladung zu einem christlichen Frauenfrühstück. Die Beschäftigung mit Gott und Jesus Christus ist auch ihr als Esoterikerin nicht fremd: „Bei uns ging es auch um Dinge wie Christusbewusstsein oder Christusenergie. Das ist alles ein großer Topf in der Esoterik. Man redet über Jesus als einen großen Meister. Und zu der Frau, die mich einlud, sagte ich: ‚Das ist ja toll, du interessierst dich

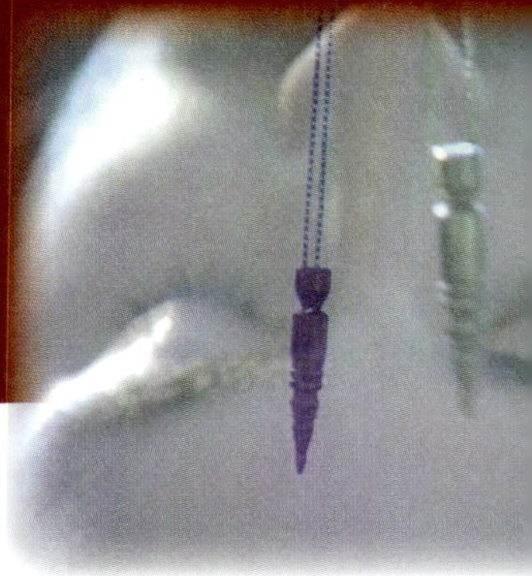

also auch für das Geistliche und Göttliche.' Und so nahm ich ihre Einladung an."

Während der Veranstaltung erzählt eine junge Christin aus ihrem Leben. Der Vortrag gefällt Gudrun Langer. „Ich wollte mich zum Schluss bedanken, auch für den Gesang der jungen Leute, die sie dabei hatte. Der war für mich wie Engelsgesang. Und sie sagte: ‚Möchtest du Jesus kennenlernen?' Und ich sagte so ganz locker: ‚Ja gerne, wenn ich den auch noch brauche.'"

Doch die junge Frau macht ihr drastisch klar, dass es sich bei Jesus nicht um eine spirituelle Zusatzfunktion handelt, sondern dass er ihr Leben neu machen will. Durch ihre Beschäftigung mit der Esoterik habe sie dunklen Mächten in ihrem Leben Tor und Tür geöffnet.

Auf dem Heimweg fährt Gudrun Langer über Kilometer hinter einem weißen Kombi her, der mit Jesus-Aufklebern übersät ist: „Jesus liebt dich", „Jesus ist unter uns", „Jesus lebt". Zu Hause angekommen berichtet sie ihrem Mann von den Erlebnissen: „Achim, ich glaube, ich bin verrückt geworden." Seine Antwort klingt gelassen: „Ach, wir haben doch schon oft solche Dinge erlebt. Und diesmal ist es halt Jesus."

Doch dieser Jesus lässt Gudrun Langer nicht mehr los, obwohl sie immer noch irritiert ist, was ihre esoterischen Praktiken mit bösen Mächten zu tun haben sollen. Sie fühlt sich auf der guten Seite, schließlich betreibt sie ja keine schwarze Magie.

Dann kramt sie die Konfirmationsbibel ihres Sohnes heraus und be-

ginnt zu lesen. Dabei stößt sie auf einen Satz von Jesus: „Ich bin der Weg und die Wahrheit und das Leben“ (Johannes 14, 6).

„Ich dachte, wenn das wahr ist, dann ist Jesus wirklich der Einzige - also kein Konfuzius, kein Buddha oder sonst wer. Das hat mich tief getroffen. Und ich ging auf meine Knie und habe das erste Mal von Herzen zu Gott gebetet: ‚Vater im Himmel, ich weiß ja gar nicht, ob ich wirklich zu dir bete, vielleicht hast du ja die Möglichkeit mir zu zeigen, was falsch und was richtig ist.‘“

Gudrun Langer liest immer mehr in der Bibel und sie sucht das Gespräch mit einem Pastor, der sich die Zeit nimmt, um alle ihre Fragen zu beantworten. Eines Morgens trifft sie die bewusste Entscheidung für ein Leben mit Jesus Christus und gegen ihr altes Leben in der Esoterik. „In der Bibel las ich das erste Gebot: Ich bin der Herr, dein Gott, du sollst keine anderen Götter haben neben mir. Ich habe den ganzen Tag nur geweint über alles, was ich in der Bibel fand. Ich wusste, ich bin angekommen. Das war es, was ich gesucht hatte.“

Am nächsten Tag nimmt sie Kontakt mit ihren Klienten auf. Sie sagt alle Termine ab: „Leute, ich kann nicht mehr hinter dem stehen, was ich gemacht habe. Gott ist ganz anders, als ich dachte.“ Ihre esoterischen Bücher, Steine und Wässerchen landen in der Mülltonne.

„Ich habe schon als Kind gespürt, dass in mir drin ein Loch war. Aber seit ich Gott gefunden habe, spüre ich tiefen Frieden, Lebensfreude und Sicherheit. Und habe endlich wieder ein mitfühlendes, warmes Herz.“

Michael Zielke

Der Pommes-Prediger

Michael Zielke ist als einer von vier Jungs in einer Arbeiterfamilie aufgewachsen. Mit Fleiß und Einsatz arbeitet er sich nach oben und gründet eine Produktionsfirma für mobile Verkaufsstände. Das Geschäft läuft gut.

„Ich wollte in der Gesellschaft einen gewissen Stand und ein gutes Ansehen haben. Die Leute sollten sagen: Mit dem kann man Geschäfte machen, auf den kann man sich verlassen. Und ich wollte viel Geld verdienen, um mit meiner Frau ein angenehmes Leben zu führen."

Er arbeitet viel, versucht für seine Kunden das Unmögliche möglich zu machen. Zu manchen hat sich fast so etwas wie eine Freundschaft entwickelt. Zumindest glaubt er das. Doch dann kommt die Ernüchterung. Kunden lassen ihn hängen, halten sich nicht an Absprachen, zahlen ihre Rechnungen nicht. Michael Zielke beginnt, an den Menschen zu verzweifeln. „Ich war so wütend, dass ich manches Mal in Gedanken jemanden umgebracht habe. Da wurden Rechnungen von 25.000 Euro nicht beglichen und auf einmal hängst du in der Luft und kannst nichts dafür."

Dann hintergeht ihn auch noch sein Geschäftspartner. Enttäuscht zieht sich Michael Zielke zurück. Ihm ist klar, dass er so nicht weitermachen kann.

„Ich habe gemerkt, dass ich mich verändert habe. Ich fing an, Menschen zu hassen, aber ich wusste, ich werde die Menschen nicht verändern. Also muss ich meine Firma aufgeben."

So verkauft er seine Geschäftsanteile. Am Ende bleibt ihm nur noch eine Pommesbude. Damit steht er nun in Verden an der Aller im Industriegebiet auf dem Vorplatz einer Videothek und verkauft Currywurst und Pommes. So hat er sich sein Leben nicht vorgestellt.

Doch dann kommt der 1. März 2006, ein paar Wochen nach seinem 40. Geburtstag. Seine Frau Kerstin hat Dienst in der Pommesbude. Er steht zu Hause am Fenster und denkt über das Leben nach. Er fragt sich: „Was macht das alles hier für einen Sinn? Wir Menschen haben hier auf der Erde nichts zu suchen. Die Natur ist perfekt, der Mensch bringt nur Chaos."

Mit Gott hatte Michael Zielke nie etwas zu tun. Er dachte, wenn es Gott geben sollte, ist alles in Ordnung, denn ich bin nicht schlechter als alle anderen auch.

„Dann ist etwas Gewaltiges passiert. Gottes Gegenwart war plötzlich in meinem Wohnzimmer. Das war so stark, dass ich nur noch erkennen konnte: Gott ist real. Und er hat zu mir gesagt: ‚Der Sinn des Lebens bin ich, der Schöpfer, der dich gemacht hat.'" Mit einem Schlag überkommt Michael Zielke eine Erkenntnis, die er laut ausspricht: „Es gibt Gott, Jesus Christus lebt und die Bibel stimmt. Das habe ich gesagt, obwohl ich die Bibel bis dahin noch nie gelesen hatte. Es kam einfach aus meinem Innersten heraus. Ich war so überwältigt, dass ich auf die Knie gefallen bin und geweint habe. Ich wusste in diesem Moment, dass ich komplett schuldig bin. Ich hab einfach gewusst: Mein ganzes Leben klagt mich an. Meine Selbstgerechtigkeit, meine eigene Philosophie, die ich mir selbst zurechtgestrickt hatte, reicht nicht aus, um vor diesem Gott bestehen zu können."

Foto: © Paul Georg Meister/PIXELIO

Michael Zielke versucht zu beten. Er sagt: „Vergib mir und komm in mein Leben." Plötzlich hat er das Gefühl, als ob ein Balken von seinen Schultern genommen wird. „Die Schuld war plötzlich weg, ich fühlte mich frei, ohne genau zu wissen, was gerade passiert war."

Als seine Frau abends nach Hause kommt, läuft er ihr entgegen. Sie spürt sofort, dass er sich verändert hat. „Ich hab gedacht, ich hab einen anderen Mann vor mir. Das war eine tolle Begegnung." Die Veränderung ihres Mannes lässt auch Kerstin Zielke nicht kalt. „Jesus ist so in Michaels Leben geknallt, dass schnell auch für mich klar war, dass ich Jesus brauche."

Michael Zielke fühlt sich wie neugeboren. Er betet, beginnt mit Begeisterung die Bibel zu lesen und sucht Kontakt zu einer christlichen Gemeinde, um mehr über Gott zu erfahren.

Einige Wochen später hat er einen Traum, in dem er einen „himmlischen Auftrag" bekommt. Er empfindet, dass Gott sagt: ‚Geht hin und verkündigt mein Wort'. Das lässt er sich nicht zweimal sagen. Er pflastert seine Bude mit Hinweisen auf Jesus. Da, wo normalerweise die Speisekarte hängt, kann man Bibelzitate lesen. Im Prospektständer stehen Bibeln und evangelistische Schriften zum Mitnehmen. Jeder Kunde bekommt von Michael Zielke nicht nur die bestellte Currywurst, sondern auch noch die frohe Botschaft gratis dazu.

„In meinem Herzen wurde ein Feuer angezündet. Ich habe gemerkt,

das kann ich nicht für mich behalten. Und so fing ich an, in der Pommesbude mit Menschen über Jesus zu reden. Kurz gefasst sage ich ihnen: Gib Jesus dein Leben und empfange seine Vergebung, dann kannst du eine persönliche Beziehung zu Gott haben und das ewige Leben."

Pommes inklusive Predigt, das gefällt vielen Stammkunden nicht. Die Reaktionen sind mitunter heftig, viele bleiben weg. Der Umsatz bricht dramatisch ein. Gleichzeitig häufen sich immer mehr Rechnungen. Michael und Kerstin Zielke stehen kurz vor dem Bankrott.

„Kerstin hat geweint und wir haben viel gebetet. Aber dann haben wir uns entschieden: Das ist unser Auftrag von Gott und wir gehen da durch. Wenn wir pleite gehen, dann gehen wir eben pleite. Wenn Gott der ist, der in der Bibel beschrieben wird, dann wird er uns helfen. Zurückzukehren in unser ‚altes' Leben, bevor wir Jesus kannten, kam für uns beide nicht mehr infrage."

Offenbar die richtige Entscheidung, denn kurz danach kommen plötzlich wieder mehr Kunden. Die Geschichte vom „Jesus-Typ" hat sich rumgesprochen. In der Umgebung bekommt er den Spitznamen „Pommesprediger". Aus bis zu 30 Kilometer Entfernung kommen die Leute zu ihm zum Essen. Doch es ist nicht nur das ungewöhnliche Image der Bude oder das leckere Essen, das sie anlockt. Ein Kunde fasst es so zusammen: „Hier ist einfach Frieden. Ich freue mich immer, wenn ich hierher kommen kann."

Gott persönlich kennenlernen

„Und da dachte ich: Wenn dieser Jesus wirklich lebt, dann hat das Einfluss auf mein Leben und auch für die Ewigkeit, und dann finde ich doch besser heraus, ob das wahr ist, mit diesem Gott der Bibel." Gudrun Derlin

„Gottes Gegenwart war plötzlich in meinem Wohnzimmer. Das war so stark, dass ich nur noch erkennen konnte: Gott ist real." Michael Zielke

„Danach hatte ich das Gefühl, dass eine zentnerschwere Last von meinen Schultern fällt und stattdessen ein großer Frieden in mein Herz kommt, der bis heute geblieben ist." Christa Höppner

„Ich habe Wärme gespürt, das war wie eine Umarmung. Ich bin richtig getragen worden. Wärme und Freude." Friedrich Kurz

„Ich wusste, ich bin angekommen. Das war es, was ich gesucht hatte." Gudrun Langer

Kein Mensch ist wie der andere. Und jedes Leben ist einzigartig. Das gilt auch für die Geschichten, die wir in diesem Buch erzählen. Und doch gibt es eine Parallele. All diese Menschen sind Gott begegnet – auf die unterschiedlichsten Weisen, an den verschiedensten Orten. Sie sind zu der Überzeugung gekommen, dass Gott Realität ist. Er hat sie getröstet, ermutigt, ihnen neue Perspektiven geschenkt. Einbildung? Wir vom „Hof mit Himmel"-Team glauben unseren Gästen. Denn wir alle haben das Gleiche erlebt: Eine persönliche Beziehung zu Gott ist möglich. Vielleicht fragen Sie sich, was das überhaupt bedeuten soll, und wie so eine Beziehung zu Gott aussehen kann. Wir möchten gerne versuchen, Ihnen das zu erklären.

1. Gott ist der Schöpfer dieser Welt. Jeder Mensch ist sein Geschöpf. Auch Sie! Wir Menschen sind geschaffen, um in Beziehung mit Gott zu leben. Das ist der tiefe Sinn unseres Lebens.

2. Gott hat keine Marionetten geschaffen, sondern Menschen, die sich frei entscheiden können. Die Bibel erzählt davon, dass der Mensch sich gegen Gott entschieden hat. Er hat sich von Gott verabschiedet und da-

mit auch von Gottes Maßstäben und Plänen für sein Leben. Die Bibel nennt das Sünde. Das Wort „Sünde“ beschreibt einen tiefen Abgrund, eine Kluft, die sich zwischen Gott und den Menschen aufgetan hat. All das, was wir als Sünden bezeichnen, ist nichts anderes als die Auswirkungen eines Lebens ohne Gott.

3. Die tiefe Kluft der Sünde trennt uns von Gott. Gott und die Sünde, das passt nicht zusammen. Aus eigener Kraft gibt es für uns keinen Weg zurück. Wir können die Kluft nicht überwinden. Nicht einmal, wenn wir versuchen, ein anständiges Leben zu führen, immer nett und hilfsbereit sind? Die Bibel sagt: Nein! Egal, wie sehr wir uns anstrengen, wie viel gute Taten wir auch immer auf unserem Konto sammeln: Wir sind und bleiben Sünder. Die Sünde verbaut uns den Weg zurück zu Gott. Eine ernüchternde Erkenntnis. Und jetzt?

4. Was wir aus eigener Kraft nicht schaffen, hat Gott längst für uns erledigt. Er hat eine Brücke gebaut, um die Kluft zwischen uns und ihm zu überwinden. Diese Brücke heißt Jesus Christus. Er ist nicht nur eine historische Gestalt. Er ist Gottes Sohn, der auf die Welt kam, um uns den Weg zurück zu Gott frei zu machen. Er ist am Kreuz gestorben. Doch das war kein Unfall der Weltgeschichte. Es steckt viel mehr dahinter. Jesus hat die schlimmen Folgen der Sünde auf sich genommen. Die schlimmste Folge der Sünde war und ist der Tod. Jesus war der Erste, der den Tod besiegt hat. Er ist auferstanden von den Toten. Er hat das Tor aufgestoßen zu einem ewigen Leben in Gemeinschaft mit Gott. Wer sich Jesus anvertraut, für den trägt er die Folgen der Sünde und schenkt ihm ein Leben, das nicht mit dem Tod zu Ende ist.

5. Dieses Leben in Gemeinschaft mit Gott kann schon jetzt beginnen. Jesus hat uns Gott als einen Vater vorgestellt, der sehnsüchtig darauf wartet, dass sein Kind zurück nach Hause kommt. Er liebt Sie über alles. Er möchte mit Ihnen gemeinsam durchs Leben gehen, durch all die Höhen und Tiefen. Er möchte Sie trösten, wenn Sie traurig und enttäuscht sind. Er möchte Ihnen neue Kraft und Lebensmut geben, wenn Sie am Ende

sind. Jesus hat einmal gesagt: „Kommt her zu mir alle, die ihr mühselig und beladen seid. Ich will Euch erfrischen.“ Sie können mit Gott reden. Er hört zu. In der Bibel können Sie lesen, wie Gott sich Ihr Leben vorstellt. Eine persönliche Beziehung zu Gott – eigentlich ist das ganz einfach.

6. Wenn Sie sich Gott anvertrauen möchten, dann können Sie das jederzeit tun. Sie können es jetzt tun. Er ist nur ein Gebet weit entfernt. Beten, das ist nichts anderes als ein Gespräch mit Gott. Es braucht keine großen Worte. Sagen Sie Gott das, was Ihnen auf dem Herzen liegt. Kommen Sie so zu ihm, wie Sie sind. Er versteht Sie. Er hört Ihnen zu.

Vielleicht sind Sie trotzdem unsicher. Deshalb hier ein Vorschlag für ein solches Gebet:

Gott, ich schaffe es nicht aus eigener Kraft, dir nahe zu kommen.
Aber ich will, dass du in mein Leben kommst und mich veränderst.
Da ist so eine große Kluft zwischen mir und dir.
Ich kann diese Kluft nicht überwinden.
Ich werde aus eigener Kraft nie so werden können, wie du mich haben willst.
Aber du hast diese Kluft überwunden.
Ich danke dir, Jesus, dass du für mich am Kreuz gestorben bist.
Du hast alle meine Sünde mit ans Kreuz genommen.
Du hast mir eine Brücke gebaut zu Gott, dem Vater.
Das hast du für mich getan.
Ich will das glauben und ich danke dir dafür.
Ich nehme dieses Geschenk an.
Ich bitte dich: Komm du in mein Leben.
Gib mir deine Liebe ins Herz und lass mich spüren, dass du mir nahe bist.
Ich bitte dich: Mach du mich neu und lass mich erleben,
dass du in meinem Leben Realität wirst.
Du hast gesagt, dass du die nicht abweist, die nach dir suchen,
dass du Gebet erhörst.
Ich bitte dich, dass du dieses Gebet erhörst

und dass du mein Leben veränderst.
Amen.

Und nun? Wie geht es weiter? Gott hat Ihr Gebet gehört. Seien Sie sich sicher. Und es wird nicht ohne Folgen bleiben. Gott will Ihr Leben verändern, Ihnen Sinn und Hoffnung geben. Für Sie ist es nun wichtig, dass Sie Gott und Jesus Christus immer besser kennenlernen.

Unsere Tipps:
1. Lesen Sie die Bibel. Wenn Sie die alte Sprache Ihrer Bibel nicht verstehen, kaufen Sie sich eine in moderner Übersetzung. (Wir empfehlen: „Neues Leben"-Bibel oder „Die Gute Nachricht Bibel".) Außerdem gibt es hilfreiche Literatur, die Anleitung zum Bibellesen gibt.

2. Bleiben Sie in Kontakt mit Gott. Beten Sie. Sagen Sie ihm, was Sie auf dem Herzen haben.

3. Suchen Sie sich eine Gruppe von Menschen, die auch an Jesus glauben und die Ihnen helfen, Gott besser kennenzulernen. (Adressen von christlichen Gemeinden, Kirchen und Gruppen finden Sie zum Beispiel unter: www.gemeindeatlas.de)

4. Vielleicht möchten Sie noch mehr über die Grundlagen des christlichen Glaubens erfahren. Die Möglichkeit dazu bietet zum Beispiel der „Alpha-Kurs", der an verschiedenen Orten in Deutschland, Österreich und der Schweiz angeboten wird (www.alphakurs.de).

Wenn Sie genauere Informationen brauchen, weitere Fragen haben oder einen Ansprechpartner für persönliche Lebensfragen suchen, können Sie sich gerne an uns wenden: ERF Medien / Berliner Ring 62 / 35576 Wetzlar / Fon 01805 16 17 18

Natürlich werden alle Anfragen absolut vertraulich behandelt.

Gottes Segen wünscht Ihnen
Ihr „Hof mit Himmel"-Team

Stefan Loß/Ingo Marx

Hof mit Himmel 1

64 Seiten, Paperback, 4-farbig illustriert
Best.-Nr. 224.738

Geschichten, Einsichten und Persönlichkeiten: Die Gäste im „Hof mit Himmel" erzählen, was ihnen passiert ist. Sie berichten davon, wie Gott sie getröstet, geheilt und neue Perspektiven eröffnet hat. Der Lokführer zum Beispiel, der den Tod von 17 Menschen zu verantworten hat; die Mutter, die verzweifelt für das Leben ihres Kindes betet; der Weltenbummler, der ohne einen Pfennig in der Tasche um den Globus reist; die junge Frau, die sich auf 31 Kilo heruntergehungert hat.
16 Geschichten aus der bekannten Fernsehproduktion des Evangeliums-Rundfunks werden in diesem Buch packend nacherzählt.

Stefan Loß/Ingo Marx

Hof mit Himmel 2

64 Seiten, Paperback, 4-farbig illustriert
Best.-Nr. 224.835

Das Leben schreibt immer wieder neue Geschichten. Woche für Woche können Sie in der beliebtesten christlichen Talksendung „Hof mit Himmel" packende Geschichten kennenlernen. Oder in diesem zweiten Buch zur Sendung. Hier kommen die unterschiedlichsten Menschen zu Wort: Die junge Frau, für die Essen zur Sucht geworden ist. Der Pfarrer, der innerhalb eines Monats drei Todesfälle in der eigenen Familie zu beklagen hat. Der Rollstuhlfahrer, der als Sportler Karriere macht. Die Ex-Prostituierte, die sich nach echter Liebe sehnt. Sie alle haben eines gemeinsam: Im Glauben an Jesus Christus finden sie Halt für ihr Leben. Er hat sie getröstet und ermutigt – und zukunftstragende Perspektiven geschenkt. Lebensgeschichten aus der ERF Fernsehsendung – spannend, authentisch und mit viel Tiefgang!

Stefan Loß/Ingo Marx

Hof mit Himmel 3

64 Seiten, Paperback, 4-farbig illustriert
Best.-Nr. 224.914

Florence Joy Büttner hat eine Casting-Show bei SAT 1 gewonnen. Aber statt einer Karriere um jeden Preis will sie lieber "wahr und echt leben". Johannes Schreiter gestaltet seit Jahrzehnten Kirchenfenster mit religiösen Motiven, doch erst mit 53 wird ihm plötzlich klar, worum es in der Bibel eigentlich geht. Ganz unterschiedliche Menschen erzählen im „Hof mit Himmel" aus ihrem Leben. Sie sind lebendige Beispiele dafür, dass man dem Gott der Bibel auch heute noch begegnen kann – ganz echt, ganz persönlich und mitten im Alltag. Das dritte Buch mit Geschichten aus der ERF Fernsehreihe: Denn es gibt nichts Spannenderes als das echte Leben. Und es gibt kein echteres Leben als das mit Jesus Christus.

Stefan Loß/Ingo Marx/Susanne Hohmeyer-Lichtblau

Hof mit Himmel 4

64 Seiten, Paperback, 4-farbig illustriert
Best.-Nr. 312.075.171

Peter Hannes Lehmann ist ein Star unter den Journalisten. Für den „stern" reist er um die Welt, trifft die Großen und Mächtigen. Doch dann wendet sich das Blatt: Lehmann ist nicht mehr gefragt, sein Chef will ihn loswerden und stürzt ihn damit in eine tiefe Krise. Mitten in dieser Krise begegnet er Gott. Thies Hagge ist ein ganz normaler Pfarrer in einer Hamburger Gemeinde. Dann stirbt nur wenige hundert Meter von seiner Kirche entfernt die kleine Jessica. Die Eltern haben sie verhungern lassen. Ein Fall, der bundesweit für Aufsehen sorgt und auch Thies Hagge in Bewegung setzt. „Hof mit Himmel 4" erzählt neue bewegende Geschichten aus der ERF-Fernsehreihe. Alle Menschen, von denen dieses Buch berichtet, haben eines gemeinsam: Ihr Glaube an Jesus Christus ist keine Theorie. Sie haben erlebt, dass er eingreift, sich um sie kümmert und sie verändert.

Marli Spieker

Wenn Hoffnung siegt
Frauen in Not begegnen Gott

112 Seiten, Paperback, mit vielen Farbfotos
Best.-Nr. 312.075.173

Die Berichte über Frauen in Not aus aller Welt zeigen, wie Gottes Licht auch in die entferntesten Winkel, in Gefängnisse und in scheinbar aussichtslose Situationen strahlen kann. Und wie Frauen überall auf der Welt durch die Begegnung mit Gott neues Leben und neue Kraft finden.

Jürgen Werth (Hrsg.)

Zu Gast bei Jürgen Werth
Christliche Prominente im Gespräch

112 Seiten, Hardcover
Best.-Nr. 312.075.175

„Es ist spannend, Menschen zu entdecken. Vielleicht gibt es überhaupt nichts Spannenderes. Das heißt – doch. Das gibt es: Gott entdecken! Aber den entdeckt man nicht selten in – Menschen“ (Jürgen Werth).

Wann hat man schon mal die Möglichkeit, Prominenten so nah zu sein? Entdecken Sie mit Jürgen Werth die Menschen, von denen man so oft nur den Namen und das Gesicht kennt. Diese Gespräche sind anders als übliche Interviews, weil es gute Bekannte, Freunde und Weggefährten sind, die Jürgen Werth einlädt. Die Lebendigkeit und Offenheit der Begegnungen vor der Kamera sind auch im Text noch zu spüren, denn die Interviews werden nahezu Wort für Wort wiedergegeben.

Erleben Sie Jürgen Werth im Gespräch mit: Steffi und Guido Baltes, Frau Prof. Ursula Wiesemann, Dr. Heinz-Horst Deichmann, Elisabeth und Gerhardt Schnitter und Herr Prof. Siegfried Scherer.